Kajakträume – Genusstouren rund um die Welt

DELIUS KLASING

KAJAK TRÄUME

Lars Schneider

Genusstouren rund um die Welt

Delius Klasing Verlag

Für Katrin, die wichtigste Person in meinem Leben.
Kein Paddel- oder Pausentag ließe sich schöner verbringen als mit Dir.

Bibliografische Information der Deutschen Nationalbibliothek
Die Deutsche Nationalbibliothek verzeichnet diese Publikation in der Deutschen Nationalbibliografie; detaillierte bibliografische Daten sind im Internet über http://dnb.d-nb.de abrufbar.

1. Auflage
ISBN 978-3-7688-2487-3

Karten: Katrin Schneider
Schutzumschlaggestaltung: Buchholz/Hinsch/Hensinger, Hamburg
Layout: Karin Kemner
Druck: aprinta druck, Wemding
Printed in Germany 2008

Delius Klasing Verlag, Siekerwall 21, D - 33602 Bielefeld
Tel.: 0521/559-0, Fax: 0521/559-115
E-Mail: info@delius-klasing.de
www.delius-klasing.de

Inhalt

▸ *Isla Carmen, Baja Califonia, Mexiko.*

Vorwort

Lieber Lars, danke für dein Manuskript, das wir leider nicht verwenden können. Deine Erlebnisse in der Jugendherberge sind vermutlich einiges witziger, wenn man selbst dabei gewesen ist. Oft ist der Text langweilig und uninformativ. Dass man zum Beispiel unterwegs schwitzt, ist richtig, aber allgemein bekannt. Und das nächste Mal den Text bitte getippt und nicht von Hand geschrieben … Zu den Fotos: Für den Magazindruck kommt nur Diafilm in Frage. Deine Abzüge sind unbrauchbar, die Motive selbst nicht überwältigend. Da gibt es noch viel zu lernen: Fotografieren ist (auch) Übungssache. Ein paar Tipps: Filme von Kodak oder Fuji mit höchstens 100 ISO benutzen, bei kritischen Verhältnissen Serien schießen. Kamera: Spiegelreflex möglichst mit Originalobjektiven, am besten Festbrennweiten …
Bitte fass dies als konstruktive Kritik auf, viele Grüße …

Übertrieben ermutigend war unser erster Brief an Lars Schneider sicher nicht. 1991 schrieb man tatsächlich noch Briefe und fotografierte auf Diafilm – E-Mail und Digitalkameras waren noch weit weg. Als Lars die »konstruktive Absage« (Redaktionsjargon) bekam, war er gerade 15.

Bald erhielt die Redaktion ein zweites Manuskript: getippt, ohne Jugendherbergs-Erlebnisse, dafür mit blassen Dias bebildert. Das lobten wir, lehnten aber dennoch ab. Mit der dritten Einsendung nahm Lars die Hürde: Wir druckten eine kurze Geschichte über seine Faltboottour auf der Luhe. Lars' erste Story – und offenbar ein gewaltiger Motivationsschub: Lars paddelte und schickte, paddelte und schickte. Wir druckten nicht alles, aber immer mehr. In den folgenden Jahren mauserte sich Lars zum Stammautor und Hausfotograf, der sich bald auf vielen Gewässern besser auskannte als wir selbst. Folgerichtig heuerten wir Lars im Jahre 2000 als Redakteur an. Er durfte nun seinerseits »konstruktive Absagen« schreiben.

Drei Jahre später wagte Lars den Schritt zum selbstständigen Profi. Mit großem Erfolg: Aus dem Nachwuchsautor mit den unbrauchbaren Papierabzügen ist ein gefragter Journalist geworden – und einer der besten Outdoor-Fotografen Europas.

So eine Bilderbuchkarriere erfordert viele Zutaten: Talent, Fleiß und Ausdauer sowieso. Natürlich auch Glück – das bei Lars in Gestalt seiner Frau, Paddelpartnerin und Bildprotagonistin Katrin zudem ausgesprochen attraktiv daherkommt. Das Wichtigste von allem aber ist die Leidenschaft. Sie ist der Motor des Ganzen, schafft Kreativität und hilft über Regenperioden ebenso hinweg wie über versenkte Kameragehäuse und unsensible Absagen.

Lars' Begeisterung für die Natur, für das Draußensein, für das freie Leben des Paddlers war bereits zwischen den Zeilen seines ersten, holprigen Manuskripts zu spüren. Diese Leidenschaft hat nie nachgelassen und wurde später perfekt ergänzt von einem unglaublichen Enthusiasmus in Sachen Fotografie. Zum Beispiel laborierte Lars Jahre an seinem Lieblingsmotiv »im Dunkeln leuchtende Zelte«, schlug sich die Nächte um die Ohren und verschoss eine aberwitzige Zahl von Filmen. Dafür ist er heute in dieser Disziplin sozusagen Weltmarktführer.

Dieser Band mit Lars Schneiders schönsten Kajaktouren und besten Fotos wird die Paddler inspirieren. Herzlichen Glückwunsch zu diesem beeindruckenden Fahrtenbuch. Und zu einer gelebten Leidenschaft, der auch »konstruktive Absagen« nichts anhaben können.

Stephan Glocker,
Chefredakteur KANU-Magazin

▸ Anlauf und Weitsprung: An warmen Tagen lockt das kalte Nordmeer einfach zu sehr.

Inselreich der Götter

Lofoten – Norwegen

Gut 2000 Kilometer nördlich von Hamburg liegt das wohl beste Seekajakrevier Europas: die Lofoten. Ihre Inselwelt aus sattgrünen Bergen, die einst dem klaren Wasser des Nordatlantiks entstiegen sind, bietet traumhafte Tourenmöglichkeiten. Und wer im Sommer kommt, darf sogar rund um die Uhr paddeln. Die Sonne geht nie unter.

Acht Jahre ist es her, dass wir das letzte Mal auf den Lofoten waren. Lange schon hatten wir wiederkommen wollen, doch selbst als häufige Nordlandreisende schreckte uns immer wieder eine Sache ab: das Wetter. Zehn Tage hatten wir uns damals auf den Inseln aufgehalten, acht davon in Regenmontur mit hochgeschlagenen Kragen und zugezogener Kapuze. Es regnete nicht senkrecht, es regnete waagerecht. Und wollte einfach nicht aufhören. Nach einigen kürzeren Wanderungen hatten wir den Versuch einer Kajaktour unternommen, und tatsächlich zwei schöne Tage erlebt – bevor das nächste Unwetter einsetzte und wir bald darauf entmutigt von dannen zogen. Jetzt sind wir wieder hier. Über 2000 Kilometer sind wir von Hamburg aus gen Norden gefahren, zwei Kajaks auf dem Autodach und eine unbändige Freude im Bauch, endlich zurückzukehren. Dazu ein wenig Angst, dass es werden könnte wie beim letzten Mal.

Ein schlimmes Déjà-vu

Der erste Tag im Boot ist vorbei, unsere nassen Paddeljacken liegen im Vorzelt auf dem Gepäck und versuchen zu trocknen. Es hat uns wieder erwischt. Erst Regen, dann Sturm, dann Flaute, dann noch mehr Regen. Und als wir endlich unser Gepäck und die Verpflegung für zehn Tage in den Booten verstaut hatten und vom Zeltplatz in Kabelvåg um die erste Landzunge herum waren: wieder Sturm. Mit den noch ungewohnt schweren und schwerfälligen Booten unterm Hintern kämpften wir uns die Küste nordwärts hoch, ließen erst Kabelvåg und dann Svolvær, die Hauptstadt der Lofoten und mit 4000 Einwohnern zugleich die größte Ansiedlung der Inseln, links liegen. Das Wetter, der Wind und die Wellen kamen von rechts, rollten stetig heran und ließen uns kaum Atem holen oder einen Blick auf die Umgebung werfen. Wolken wuschen über uns hinweg, brandeten hoch über uns an die Berggipfel der Küste wie die Wellen hier unten an die Schäreninseln. Erst im Windschatten einer kleinen Insel aus nacktem Fels verschnauften wir, warfen einen Blick auf die Karte. Schon hatte sich eine schmierige Salzschicht auf die Klarsichttasche über meinem Schoß gelegt.

Zwei Kilometer weiter gab es ein kleines Kreuz auf unserer Karte. Mit Kugelschreiber eingetragen am Abend zuvor von Jann Engstad. »Da, in der Bucht habe ich eine Hütte. Da könnt ihr euer Zelt gern aufschlagen, kein Problem.« Jann gleicht einem Bär oder einem Wikinger oder einer Mischung aus beidem. Groß und breit, die Liebe zur Natur und zum Paddeln leuchtet aus seinen Augen, seine Hand wirkt im Vergleich zu meiner wie eine Pranke. Beim letzten Einkauf im Supermarkt gestern hatten wir ihn getroffen. Die Boote auf seinem wie unserem Auto machten es leicht, ins Gespräch zu kommen. Jann bietet von Kabelvåg aus Kajaktouren an, im Winter Ski- und Schneeschuhtrips auf den unmittelbar aus dem Wasser aufragenden Bergmassiven. In der Kassenschlange schon und später, über die auf unserer Motorhaube ausgebreitete Seekarte gebeugt, gab er uns wertvolle Tipps zu Zeltplätzen, Frischwasservorkommen und schönen Punkten entlang unserer geplanten Route.

Die Lofoten, eine Gruppe von etwa 80 Inseln, die wie ein Bollwerk vor der norwegischen Küste liegen, sind ein Traumziel für Seekajaker. Vom Festland nur durch den Vestfjord getrennt, drängen sie fast 200 Kilometer nach Südwesten ins Meer, ihr südliches Ende sitzt gut 100 Kilometer nördlich des Polarkreises. Oft spricht man von den Lofoten als »Gebirge, das aus dem Meer steigt«, und wer einmal hier war, weiß wieso. Bis auf Höhen von nahezu 1200 Metern ragen die Inseln aus dem Meer, ihr höchster Gipfel ist der Higravtindan mit 1146 Metern. Manche Insel scheint nur aus Berg zu bestehen und tatsächlich unmittelbar aus dem Meer aufzusteigen, nur hier und da gibt es etwas Platz für Straßen oder Siedlungen. Die Wikinger, die schon im 9. Jahrhundert einen Außenposten auf den Lofoten errichteten, gaben den Inseln noch einen anderen Namen, und wer sich heute etwas länger hier aufhält und auf Touren durch die Natur die oft magische Stimmung erlebt, wird auch ihn nachvollziehen können: Die rauen Männer des Nordens nannten sie die »Inseln der Götter«. Vielleicht ein noch treffenderer Vergleich. Inseln, zumindest der Götter der Bergsteiger, der Wanderer und Paddler. Der ganz bestimmt.

Und dann doch: Sonne

Der Regen hämmert noch immer auf das Zeltdach, das Zischen und Fauchen des Benzinkochers kämpft dagegen an, doch erst der Becher heiße Suppe lässt vergessen, was draußen, auf der anderen Seite der dünnen Zeltwand, gerade passiert. »Meinst du, auf den Lofoten ist das Meer jemals wirklich komplett still?«, fragt mich Katrin nach einer Weile mit einem sorgenvollen Blick. »Ich meine so richtig still. Überall? Nicht bloß in den kleinen Buchten?«

Am nächsten Morgen weckt uns schon wieder das Wetter. Es ist heiß im Zelt, verdammt heiß. Zuerst begreifen wir überhaupt nicht, was los ist. Dann öffne ich schlaftrunken und verschwitzt den Reißverschluss. Draußen scheint die Sonne. Von einem Himmel, den keine einzige Wolke ziert. Blau. So blau wie das still, ganz still, daliegende Meer. »Katrin, ich bin dir gestern Abend doch noch eine Antwort schuldig geblieben. Schau mal raus.«

Wir beeilen uns mit dem Frühstück und dem Packen und sind eine Stunde später auf dem Wasser. Bei solchen Bedingungen darf man nicht trödeln. Aus unserer kleinen Bucht geht es hart

▲ *Viel schöner kann man wohl nicht wohnen: Haus auf einer Insel, ein paar Kilometer von Svolvær entfernt, dem Hauptort der Lofoten.*

backbord weiter gen Norden. Entlang der Insel Helle, auf der sich der kleine Flughafen von Svolvær befindet, geht es hinaus auf die wie flüssiges Glas daliegende Wasserfläche zwischen drei Inseln: Austvågøya mit dem Austnesfjorden im Nordwesten, Store Molla im Nordosten und östlich von uns die kleinere Lille Molla.

Um unser nächstes Ziel, den Trollfjord, zu erreichen, müssen wir zunächst durch den Øyhellesund paddeln. Sein Wasserband liegt direkt vor unseren Bootsspitzen und trennt Austvågøya und Store Molla. Noch weiter im Norden wird aus dem schlanken Fjord der noch schmalere Raftsund, der die Inseln vom Festland trennt. Bevor wir den richtigen Kurs einschlagen, treiben wir einfach so vor uns hin, versuchen das unbeschreibliche Panorama aufzusaugen, die Stille und den momentanen Frieden der Elemente. Kein tosender Wind, keine prasselnden Regentropfen, keine Wellen, die uns um die Hüften züngeln. »Peace, brother«, möchte man zu Petrus sagen und ihm auf die Schulter klopfen. Stattdessen drehen wir mit dem Handy ein kleines Video und senden es an einen Freund, der aus Furcht vor dem schlechten Wetter daheimgeblieben ist. Ha!

▸▸ *Die Einfahrt in den bekannten Trollfjord – eng rücken die Felswände hier zusammen, bevor sich der kurze Fjord zu einem imposanten Rondell öffnet, das von himmelhohen Bergen umgeben ist.*

▲ *Ein Stück Karibik im Norden Norwegens: strahlender Himmel, glasklares Wasser und weißer Sand.*

▶ *Ein Schiff der Hurtigruten hat das Nadelöhr des Trollfjords passiert. Jeden Tag weichen die Schiffe der Linie von ihrer Route ab, um den Gästen diesen besonderen Ort zu zeigen. Nur kurz allerdings – die Einhaltung des Fahrplans hat oberste Priorität.*

Zwischen grün bewachsenen Eilanden paddeln wir auf den Eingang zum Sund zu, hier und da scheinen unsere Boote zu schweben, an flachen Stellen sehen wir unsere Schatten auf dem sandigen Grund. Türkis das Wasser, die Lofoten als Karibik nördlich des Polarkreises. Sogar die Temperaturen spielen heute mit.

Uhrzeit? Unwichtig!

Den Trollfjord erreichen wir am nächsten Nachmittag. Wir nehmen jedenfalls an, dass es Nachmittag sein müsste, als wir durch das Nadelöhr zwischen zwei himmelhohen Felswänden hindurchschlüpfen und auf das von schneebedeckten Gipfeln umringte Bassin des Trollfjords hinauspaddeln. Meine Uhr

haben wir versteckt, irgendwo in den Tiefen des wasserdichten Beutels mit der Wechselwäsche, der in einer von vier Bootsspitzen steckt. Es ist jetzt, Ende Juli, fast immerzu hell im Reich der Mitternachtssonne, warum also sollten wir auf die Uhr schauen? Wir wollen erleben, wie unsere Körper ihren eigenen Rhythmus finden, uns allenfalls nach Ebbe und Flut, Wind und Wetter richten. Zu wissen, dass die Sonne am ersten Tag unserer Tour um 22:35 Uhr unterging und um 2:39 Uhr wieder vom Horizont auferstand, soll reichen.

Ein dumpfes Tuten weckt uns eine Weile später aus einem Verdauungsschläfchen, das wir dem Mittagessen angeschlossen hatten. Perfektes Timing – zweimal am Tag weicht ein Schiff der Hurtigruten den Touristen zuliebe von seinem Idealkurs ab und besucht den Trollfjord. Heute die »Midnatsol«. Sehenswert bravourös steuern die Kapitäne durch das Felsentor und vollführen wenig später eine punktgenaue Drehung um 180 Grad. Eng bestanden ist dann die Aussichtsbrücke, Kamerablitze zucken übers Wasser, und schnell ist der Spuk wieder vorbei – es gilt trotz allem, keine Zeit zu verlieren. Eine Verspätung stünde den Postschiffen schlecht. Man ist pünktlich, egal, wie schön die Route, wie wild das Wetter. Auf die Hurtigruten, jene 13 Schiffe, die für die norwegische Küste stehen wie kein zweites Symbol, ist Verlass. Und das schon seit mehr als 100 Jahren: Im Jahre 1893 gelang es dem Kapitän Richard With, mit einem Dampfschiff einen regelmäßigen Linienverkehr entlang der norwegischen Küste einzurichten. Damals zunächst von Trondheim nach Hammerfest, fünf

▲ *Schlafplatz mit Aussicht. Ein Inselbuckel im Øyhellesund lässt Outdoor-Träume wahr werden.*

Jahre später bis Bergen im Süden und ab 1911 – fünf Jahre nachdem Norwegen die Unabhängigkeit erlangt hatte – auch bis nach Kirkenes nahe der russischen Grenze. Von Bergen bis Kirkenes und zurück verkehren die Schiffe auch heute noch. Sie sind, was sie waren, Postschiffe, Frachtschiffe und Passagierschiffe, nur der Schwerpunkt hat sich verschoben. Zehntausende Touristen nutzen die Linienschiffe, um die norwegische Küste aus der schönsten Perspektive zu erleben, aber immer noch wird auch die Post an Bord in entlegene Ortschaften transportiert, und die Ware für den Supermarkt. Manch Kind nutzt die Hurtigruten, um im dünn besiedelten Norden zur Schule zu gelangen.

Stammplatz im Øyhellesund

Die Nacht verbringen wir an einem besonderen Ort – einer unbewohnten, buckligen Insel im Øyhellesund, auf der wir auch vor acht Jahren unser Zelt aufgeschlagen hatten. Am dicht von Seetang bedeckten Strand entladen wir unsere Boote und tragen sie dann auf eine Felsterrasse, die auch beim Höchststand der Flut trocken bleibt. Unser Camp errichten wir noch weiter oben, auf dem von Moos, Gras und Gestrüpp teppichweich gepolsterten grünen Haupt der Insel. Überall liegen Muscheln und Seeigelschalen, von Vögeln hier vernascht, ihre Reste von der Sonne geblichen.
Die Westseite des Sunds zieht den Blick wie ein Magnet auf sich, beim Einrichten des Lagers und noch später beim Kochen muss ich immer wieder hinsehen. Selbst als wir im Schlafsack liegen, schauen wir durchs Moskitonetz immer wieder hinüber. Das zackige Bergmassiv des Trolltindan ragt dort beinahe 1000 Meter vom Meer empor, grün gefleckt kleben Pflanzenflicken auf Vorsprüngen in steilen Wänden, manch schattige Furche im Fels leuchtet grauweiß vergletschert herüber.
Als später die Dämmerung einen Schatten über das Land legt und alle Konturen verschmelzen lässt, es ist vielleicht Mitternacht, gleitet ein weiteres Schiff der Hurtigruten, diesmal die nordgehende »Lyngen«, an unserer Insel vorbei, verdrängt das Wasser fast ohne Wellenschlag.

Schweißgebadet erwachen wir auch am nächsten Morgen. Die Sonne steht schon hoch, das Zelt hat sich in einen Backofen verwandelt. Wir öffnen alle Türen und schnappen nach Luft, dösen noch eine Weile vor uns hin, bis mich ein Geräusch aus den Tagträumen reißt. Ich kenne es, kann es aber nicht einordnen. Da, wieder. Noch näher. Und dann macht es klick.

Da bläst etwas im Wasser. Sofort eilen wir zu einer nahen Klippe, suchen die ruhige Meeresoberfläche ab und entdecken plötzlich, nicht weit entfernt, Schweinswale. Die schwarzen Rücken mit der kleinen Flosse heben sich rhythmisch aus dem Wasser, zwei fast gleichzeitig, ein weiterer zeitlich knapp versetzt. Vorbei an unserer Insel und weiter in Richtung Raftsund.

Einen Steinwurf entfernt, im Norden unserer Nachbarinsel Ulvøya, strudelt er beim Wechsel der Gezeiten vor sich hin, wird zu einer Wildwasserbahn mit kleinen Stromschnellen. Bei Flut versucht der Nordatlantik, sein Wasser mit aller Macht von Norden durch den engen Kanal zu pressen, bei Ebbe fließt alles zurück. Zu eng ist der Raftsund, als dass die in die eine oder andere Richtung strebenden Wassermassen gemächlich strömen könnten. Das macht den Hurtigrutenschiffen nicht viel aus, doch Paddler sollten dem Raftsund mit Respekt gegenübertreten und die Gezeiten genau im Auge behalten.

Graue Riesen unter blauem Himmel

Wir wollen heute in die andere Richtung und uns einen Weg zwischen dem Festland und der Insel Årsteinen suchen, um später entlang der östlichen Ausläufer der Lofoten einen südlichen Kurs einzuschlagen. Henningsvær, eine Fischersiedlung am südwestlichsten Zipfel von Austvågøya, ist das Ziel unserer Reise. Je nachdem wie das Wetter mitspielt, können wir den Ort in zwei oder fünf Tagen erreichen. Unsere Lebensmittel reichen noch fast eine Woche. Nie hätten wir mit dem anhaltend guten Wetter gerechnet, und dass wir jeden Tag so gut vorankommen würden.

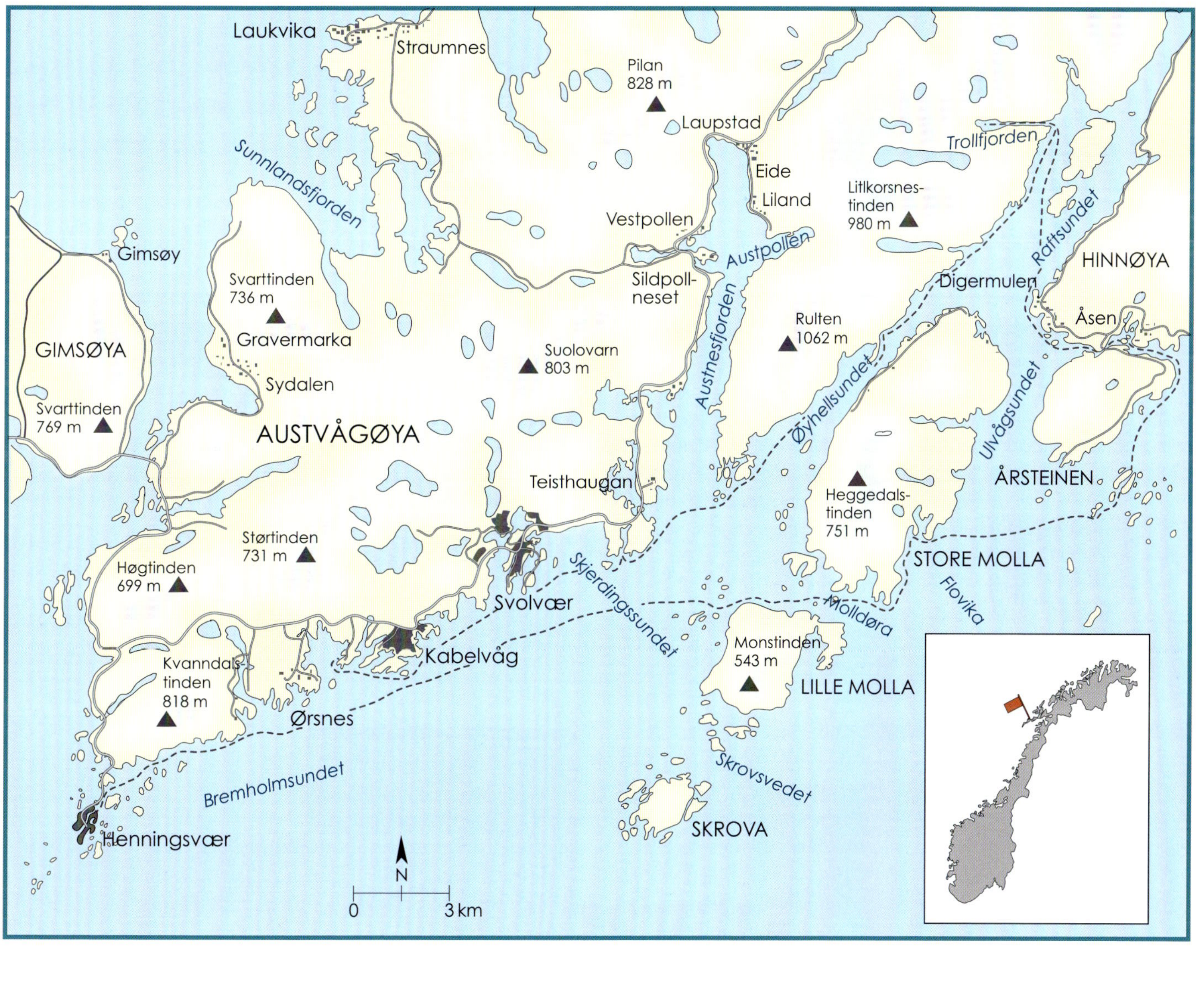

Die Sonne scheint noch immer, doch es ist Wind aufgekommen. Als wir ablegen, bläst er uns direkt ins Gesicht, und das bleibt für viele Stunden so. Wir ändern drei, vier Mal unsere Fahrtrichtung, und doch haben wir immer Gegenwind, es ist wie verhext. An der kleinen Siedlung Digermulen vorbei geht es zwischen einem Dutzend kleiner Inseln hindurch und durch einen Stichkanal weiter nach Osten. Der Blick zurück ist atemberaubend, am liebsten würden wir rückwärts paddeln. Die Berge auf Austvågøya wachsen immer höher und beherrschen bald den ganzen Horizont, graue Riesen unter blauem Himmel und weiß gebauschten Wolken. Immer wieder vergessen wir vor lauter Staunen für einen Moment zu paddeln und treiben zurück. Ein Ferienhaus sitzt perfekt auf einer kleinen Insel am Wasser, von seiner Veranda reicht der Blick ungehindert auf diese Lofotenwand. Hier ein »Zu Verkaufen«-Schild – ich hätte sofort angelegt und auf der Stelle unterschrieben.

Sorgenvoll nähern wir uns dem östlichen Ende unserer windigen Passage, hinter dem sich fast dreißig Kilometer offenes Wasser erstrecken bis zur eigentlichen Festlandküste Norwegens. Das reicht für ungemütliche Bedingungen, wenn der Wind falsch steht. Vorbei an einer Fischfabrik und einigen vertäuten Kuttern erreichen wir die Ausfahrt ... und müssen plötzlich nicht mehr brüllen, um uns zu verständigen. Der Wind ist weg. Von einem Paddelschlag zum nächsten.

Und noch einmal Sonne

Zum Frühstück zwei Tage später scheint noch immer die Sonne. Dabei hatte sich am Vorabend eine dunkle Wolkenwand von Osten herangewälzt und einen kleinen Schauer, einen großen Regenbogen und einen rot glühenden Sonnenuntergang gebracht. Dass wir einen weiteren Tag schönes Wetter haben würden, glaubten weder Katrin noch ich.
Wir haben auf einer Insel am südlichen Ende des Øyhellesunds gezeltet, ganz in der Nähe sind wir vor ein paar Tagen auf dem Weg zum Trollfjord vorbeigepaddelt. Ich tanze vor Freude über das Wetter halbnackt im Sonnenlicht, als ich zum Frühstück Moltebeeren sammle. Die orangefarbenen Beeren, die in Feuchtgebieten an der Spitze einzelner Stängel wachsen, sind ein Wahrzeichen Lapplands, in Finnland zieren sie die Zwei-Euro-Münzen. In früheren Zeiten schätzten nordische Seefahrer Moltebeeren aufgrund ihrer Vitaminkraft und guten Haltbarkeit als Mittel gegen Skorbut. Heute ist die säuerlich-bittere Frucht, die zur Familie der Rosengewächse gehört, noch immer die kostbarste Beere. Kilopreise von über fünf Euro zahlt man Sammlern, gute Sammelstellen werden als Familiengeheimnisse von Generation zu Generation weiter-

▸ Pause in einer Bucht der Insel Store Molla. An einem nahe gelegenen Bach kann Frischwasser gebunkert und einmal das Salzwasser vom Körper gewaschen werden.

▸▸ An schönen Tagen wähnt man sich auf den Lofoten nicht nördlich des Polarkreises: türkisgrünes Wasser, warmer Wind und ein unbeschreiblich intensives Licht, das 24 Stunden bleibt, verwirrt vor dieser Kulisse fast ein wenig. Paddler macht all das vor allem glücklich.

▸ Wer dank der Mitternachtssonne zu wenig schläft, sollte beim Bedienen eines Benzinkochers besonders vorsichtig sein ...

▸▸... viel ungefährlicher – wenn auch geschmacklich sehr speziell – ist da der Verzehr des klassischen Stockfisches, der bis in den frühen Sommer überall auf den Lofoten an Holzgestellen im Wind trocknet.

▸▸▴ Auf Tour gibt es mitunter Grenzen, die nicht überschritten werden dürfen: zum Beispiel, wenn es um den persönlichen Schokoladen-Notvorrat geht.

▸▸▾ Die noch viel kostbareren Moltebeeren teilt man dagegen immer brüderlich, so gehört es sich.

gegeben. Wir brauchen nur ein Dutzend Beeren für unser kleines nordisches Frühstück: eine Scheibe Polarbrot, darüber Lofoten-Honig, eine Schicht karamellisierten Ziegenkäse und dann, anstelle der sonst üblichen Moltebeeren-Marmelade, zerdrückte Beeren.

So gestärkt, tragen wir ein letztes Mal unsere Ausrüstung vom Zeltplatz zurück zu den Booten, verstauen nach einem von Tag zu Tag weiter perfektionierten Prinzip alle Säcke und Beutel, Schlafsäcke, Isomatten, das Zelt und den Kocher, Lebensmittel, Frischwasservorräte und inzwischen auch zwei leere Weinflaschen in den wasserdichten Luken und stechen in See. Ein letzter traumhafter Tag, Sogar der Wind stimmt und drückt uns sanft südwärts. 25 Kilometer liegen bis Henningsvær vor uns, da freut man sich über jede Unterstützung.

Erst lassen wir Svolvær an Steuerbord zurück, dann Kabelvåg, unseren Startpunkt. Im Osten steigt am Horizont ein gezacktes Gebirge auf. Irgendwo dort liegt Bodø, von wo wir die Fähre auf die Lofoten genommen hatten.
Unsere Mittagspause genießen wir in einer kleinen Felsnische am Fuße des über 900 Meter hohen Vaagekallen. Ein letztes Mal Polarbrot mit Käse, dazu so viel Salami wie wir wollen. Eine gute Wochenration ist uns für die letzten zehn Kilometer geblieben. Warum es nur noch eine halbe Wochenration Schokolade gibt, dazu schweigt Katrin beharrlich, aber wir werden satt, so satt, dass wir ein kleines Verdauungsschläfchen anschließen. Wir haben Zeit, es wird ja nicht dunkel.

Als wir die Augen wieder öffnen, sind von Osten her Schleierwolken herangezogen und liegen wie ein Weichzeichner vor der Sonne. Auch der längst eingeschlafene Wind ist wieder erwacht, das bekommen wir zu spüren, als wir nach den ersten Paddelschlägen etwas Abstand vom Land gewonnen haben. Er weht nun nicht mehr aus Norden, sondern direkt aus West, von den Bergen herunter. Eigentlich müsste er auch die Wolken zurückwehen, doch er treibt nur sein Spiel mit uns, drückt uns immer wieder unvermittelt in die Seite, Böe um Böe herab. Wie die ersten zehn Kilometer unserer Tour, werden so auch die letzten ungemütlich. Wir greifen die Paddel fester und versuchen, gut Fahrt zu machen. Wer weiß, ob nicht auch Regen im Anmarsch ist. Mit jedem zurückgelegten Kilometer wird es trüber und stürmischer, wir ärgern uns, das schöne Wetter verschlafen zu haben.

Als wir die ersten Inseln erreichen, die Henningsvær umgeben, sind wir erleichtert. Im Windschatten tasten wir uns voran, bis nur noch eine kleine Querung vor uns liegt – auf der anderen Seite befindet sich die Einfahrt zum Hafen.
Die 300 Meter Wasser dazwischen sind nun allerdings nicht mehr von den Bergen geschützt, ungebremst jagt der Westwind über sie hinweg. Wir verschnaufen noch kurz und paddeln dann los. Erst ist es noch sonderbar windstill, dann packt uns eine Böe nach der anderen. Ich stemme mich gegen den Wind, die rechte Schulter und den Kopf ein wenig gebeugt, und sehe, dass Katrin das Gleiche tut. Wir kommen voran, das ist nicht das Problem, doch schüttelt und rüttelt uns der Wind so stark, dass ich Angst habe, eine kräftige Böe könnte uns einfach umwerfen. Besonders Katrin, deren Boot wir heute für die lange Strecke möglichst leicht beladen hatten. Auf einmal wieder Stille. Eine Kaimauer hat sich vor den Wind geschoben. Wir sind im Hafen von Henningsvær. Dem schönsten der Lofoten vielleicht.
Die Sicherheit, die er trotz seiner exponierten Lage bietet, machte ihn zum größten Hafen des Lofoten-Fischfangs. Im Winter, von Januar bis März, wenn der Kabeljau gefischt wird, der später als Stockfisch überall auf den Lofoten an großen Holzgerüsten an der Luft trocknet, liegen oft Hunderte von Trawlern im Hafenbecken, das an zwei Seiten aus natürlichen Inseln und an der dritten aus einer rund 100 Meter langen künstlichen Kaimauer besteht. Der Fischfang ist auch hier längst nicht mehr das, was er einmal war, Überfischung ist auch im Norden Norwegens nicht unbekannt. Zählte man gegen Ende des 19. Jahrhunderts noch 30 000 Fischer auf den Lofoten, sind es heute noch knapp 5000, die vom Fischfang leben können.

Als wir später am Abend die Boote auf unser Auto laden und nach einer Portion Fish & Chips aus dem örtlichen Kiosk davonfahren, wird klar, dass wir unsere Tour gerade noch rechtzeitig beendet haben. Auf dem Scheitelpunkt einer der drei steilen Brücken, die Henningsvær mit Austvågøya verbinden, halten wir kurz an und schauen nach Süden. Bis fast ans Ende der Lofoten scheint der Blick zu reichen. Schaumiges, sturmgepeitschtes Wasser brodelt dort, und ein Wolkenband, so lang wie die Berge, die aus dem Meer steigen, schiebt sich von Westen über ihren Kamm.

▸ *Bis zu 20 Meter hohe Cardón-Kakteen wachsen auf der Halbinsel Baja California – die höchsten der Welt.*

Guacamole, Corona und viel Wind

Baja California – Mexiko

Direkt südlich der Grenze von Kalifornien und Mexiko liegt eine 1300 Kilometer lange Halbinsel, die Besucher mit Wüsten und Kakteen, einsamen Küstenstreifen und unbewohnten Inseln lockt. Paddler genießen vor allem im Winter angenehme Temperaturen, viel Freiheit und eine faszinierende Meeresfauna. Das Paradies heißt Baja California.

Schon lange bevor ich begann, meinen Lebensunterhalt als Journalist und Outdoor-Fotograf zu bestreiten, träumte ich von diesem Leben. Als Kind hatte ich Karl-May-Bücher verschlungen und zu Abenteurern der heutigen Zeit aufgeschaut, Outdoor-Zeitschriften geliebt und Kataloge von Ausrüstern gehortet. Allen voran die zweimal im Jahr erscheinenden Kataloge der Firma Patagonia, die seit Anbeginn auf echte Bilder gesetzt hatte, Bilder, auf denen Strapazen, Schmutz und das ungeschönte Leben unterwegs die Botschaft transportieren sollten – im Gegensatz zu glänzend neuer Ausrüstung in den Bilderwelten der Konkurrenz.

Zu jedem Foto im Patagonia-Katalog gab es eine Bildunterschrift, und neben viel Patagonien und Nordamerika tauchte dort mit schöner Regelmäßigkeit »Baja« auf. Baja, das lernte ich bald, spricht man mit einem rauen Konsonant in der Mitte aus wie »Ba-cha«. Baja ist ein Teil Mexikos und verströmte auf all diesen Bildern vom Surfen, Paddeln und vom bloßen Reisen den Charme von Abenteuer und warmer Wüstenluft. Da wollte ich hin.

Im Kajak erkundete ich erst andere Teile der Welt, es ergab sich einfach so, doch nachdem meine Frau Katrin und ich uns in den USA für eine lange Reise einen alten VW-Bus gekauft hatten und ihn in Kalifornien bei Freunden sicher unterstellen konnten, schmiedeten wir Pläne, im Jahr darauf wiederzukommen, Faltboote mitzubringen und gemütlich nach Baja zu cruisen.

Ein Jahr für 1700 Tortillas

Die Grenze von Kalifornien nach Mexiko, jenen wohl bestbewachten Zaun der Welt, der wie kein anderer zwei Welten trennt und den doch jährlich geschätzte zwei Millionen illegale Einwanderer zu überwinden versuchen, haben wir lange schon hinter uns gelassen; auch die Städte Tijuana und Ensenada. Seit Stunden fahren wir nach Süden, die Sonne im Gesicht, einen zufrieden röhrenden, luftgekühlten 1971er-VW-Motor unter dem Hintern. Katrin, Dorothy und ich. Dorothy, auf diesen Namen hatten wir unseren weißen Campervan getauft, mit dem wir im vergangenen Jahr 8000 Kilometer durch Kalifornien gefahren waren. Sie ist das perfekte Gefährt auch für diese Reise. Die vorgeschriebene Autoversicherung haben wir uns an der letzten Abfahrt auf US-Gebiet am Baja-Mex Drive-Thru-Insurance Schalter besorgt, eine kleine Palette von Red-Bull-Dosen liegt hinter dem Sitz – Freunde hatten uns empfohlen, davon immer genügend an Bord zu haben. Die Soldaten an Checkpoints entlang des Highways Mex 1 seien ganz wild darauf. Unser Ziel liegt 1100 Kilometer im Süden: Der Ort Loreto und die ihm vorgelagerte Isla Carmen.

Baja California ist ein ganz besonderes Ziel für Seekajakfans – allein durch seine geografischen Bedingungen als rund 1300 Kilometer lange Halbinsel mit dem wilden Pazifik im Westen und dem ruhigeren Golf von Kalifornien im Osten, bietet es Tourenmöglichkeiten für Jahre und für alle An-

sprüche. Profis, die hohe Wellen lieben, werden entlang der fast 5000 Kilometer messenden Küstenlinie genauso glücklich wie Einsteiger, denen eher nach einer geruhsamen Fahrt ist. Die Landschaft wirkt auf den ersten Blick karg und abweisend, verbirgt aber genau darin ihre Schönheit: in 120 Kakteenarten, von denen die Hälfte nur hier wächst und die mit den bis zu 20 Meter hohen Cardón-Kakteen die höchsten der Welt stellen. In Dünen und Lagunen, bis zu 3000 Meter hohen Bergen und menschenleeren Stränden, an die ein oft unwirklich türkisgrünes Meer schwappt.

Vier Tage sind wir auf dem Mex 1 unterwegs nach Loreto, vier Tage als Annäherung an ein Land, das zwar an die USA grenzt, aber doch so wenig mit ihm gemein hat. Wir atmen Wüstenluft und Abenteuer, echte Einsamkeit liegt zwischen den oft weit verstreuten Orten. Vier Tage, an denen wir versuchen, etwas Spanisch zu sprechen und auch unsere Ernährung umzustellen – Tortillas und Burritos, Enchiladas und Nachos, Guacamole und Corona stehen seit der Grenze hoch im Kurs. Wir geben uns große Mühe, aber an das Pensum der Einheimischen werden wir mit unseren Essgewohnheiten wohl doch nie heranreichen – in einem Reiseführer lesen wir, dass der durchschnittliche Mexikaner im Jahr 1700 Tortillas verdrückt.

Als wir Loreto erreichen, fühlen wir uns bereit, Baja auch vom Wasser aus zu entdecken. Wir bleiben einen weiteren Tag, um unsere Zeit auf See vorzubereiten, einzukaufen und Trinkwasser abzufüllen, und holen Jens, einen guten Freund und langjährigen Paddelgefährten, vom Flughafen ab. Er ist daheim in Hamburg Lehrer und wird seine Frühjahrsferien mit uns verbringen. Keine 24 Stunden später sitzen wir zu dritt in einem Panga, einem langen Holzboot mit Außenborder, das uns und unsere Ausrüstung zur Isla Carmen bringt.

Ein Herz, so groß wie ein Kleinwagen

Auf Delfine und die vielen Wale, die Baja California im Frühjahr besuchen, sich hier satt fressen und ihre Jungen zur Welt bringen, haben wir uns lange gefreut. Nun dauert es keine zehn Minuten bis Katrin die ersten Delfine entdeckt. Noch einmal fünf Minuten später schaltet Manuel, unser Kapitän, den Motor aus und zeigt auf einen Punkt im Wasser.

▲ *Wo Delfine sind, treiben sich auch Pelikane herum und begleiten sie auf der Jagd nach den besten Fischen.*

Was erst glitzert wie eine Welle und plötzlich verschwunden ist, entpuppt sich wenig später als ein Wal. »Ballena azul«, erklärt Manuel. Wir haben wirklich Glück. Es ist ein Blauwal mit einem Jungtier. Einen Blauwal als groß, riesig oder gigantisch zu bezeichnen, träfe zwar den Kern der Sache, würde aber doch nicht wirklich verdeutlichen, welch mächtigem Tier wir hier begegnen. Mit bis zu 150 Tonnen Lebendgewicht und einer Länge von über 30 Metern ist der Blauwal tatsächlich das größte lebende Geschöpf unserer Erde. Das Gehirn eines ausgewachsenen Tieres wiegt fast fünf Kilogramm, sein Herz nimmt die Größe eines Kleinwagens ein, durch seine Aorta könnte ein Kind schwimmen. Sich eine Pyramide von 25 Elefanten oder 1600 Menschen vorzustellen, hilft vielleicht am besten, im Kopf ein Bild entstehen zu lassen, das vom Gewicht den Ausmaßen des Blauwals entspricht – wir sehen immer wieder nur seinen Rücken mit der fast winzigen Rückenflosse durch die Wellen schneiden und dann und wann eine Atemwolke. Neun Meter hoch stoßen Blauwale ihren Blas in den Himmel – höher als jeder andere Wal.
Knirschend setzt Manuel das Panga auf einen Strand am südlichen Ende von Isla Carmen fest und hilft uns beim Entladen

▸▸ *Ein perfekter Abend in Baja: vom Zeltplatz noch einmal zum Fischen hinausfahren oder auch nur, um die in der Abendsonne rot glühenden Felsen zu betrachten.*

der Ausrüstung. Ein ganzer Berg wasserdichter Beutel, Paddel, Lebensmittelsäcke und der noch in ihre Einzelteile zerlegten Faltboote wächst vor uns an. Lange dauert es, bis das Motorboot leer ist und Manuel seinen Heimweg antreten kann. In neun Tagen wird er uns von Isla Danzante, einer kleineren Nachbarinsel, wieder einsammeln.
Es dauert bis zum Einbruch der Dämmerung, bis unser erstes Lager errichtet, die Ausrüstung sortiert und die Faltboote aufgebaut sind. Immer wieder werden wir abgelenkt von Walen und Delfinen, die durch die Passage zwischen Isla Carmen und Danzante ziehen, mitunter keine 50 Meter vom Ufer entfernt.

75 Liter Frischwasser und vier Flaschen Wein

Als Jens Katrin und mich am nächsten Morgen weckt, bricht der Tag erst an: Drüben am Festland glühen im Rücken von Loreto die Berge der Sierra de la Giganta feuerrot. Unsere

▲ *Mit Dorothy, unserem unverwüstlichen Bus, binnen vier Tagen von der amerikanisch-mexikanischen Grenze nach Loreto. Schon die Anreise zur Kajaktour ist ein kleines Abenteuer.*

▸ *Wenn starke Winde wie »El Norte« das Paddeln unmöglich machen, bleibt im Camp Zeit für Entspannung.*

Inselseite liegt noch im Schatten, aber es ist schon angenehm warm. Wir wollen ein gutes Stück vorankommen heute und beginnen früh mit dem Packen. Es ist jedes Mal wieder ein Kampf, auf einer Tour zum ersten Mal die Boote zu beladen. Nach zwei Stunden haben wir vier Flaschen Wein, fünf Tetrapaks Säfte, 75 Liter Frischwasser in Wassersäcken und unzählige Beutel mit Lebensmitteln und Ausrüstung verladen. Kräftig müssen wir die Paddel durchs Wasser ziehen, um mit den schwer beladenen Booten in Fahrt zu kommen, doch bald finden wir einen gleichmäßigen Rhythmus. Es tut gut, nach der langen Anreise endlich aktiv unterwegs zu sein. Wir paddeln jeder unseren Rhythmus, keiner redet viel. Ich hänge meinen Gedanken nach und betrachte die Umgebung. Links das offene Meer, knapp zwölf Kilometer sind es bis ans Festland, rechts die Isla Carmen, deren Ufer unvermittelt aus dem Wasser ansteigen. Einzelne Kakteen halten sich an Vorsprüngen fest, dornige Sträucher und Elefantenbäume drücken sich in schattige Plätzchen, dazwischen ein paar vertrocknete Grashalme; viel mehr an Vegetation kann man aus der Entfernung nicht ausmachen. Es beruhigt den Geist, einmal weniger Input zu bekommen als in den letzten Reisetagen, das langsame Vorankommen, das dunkelblaue Meer und die monochromen Farben der Insel tun den Augen gut.

31 Kilometer misst Isla Carmen von Nord nach Süd, ihre Umrundung ist das geplante Ziel unserer kleinen hanseatischen Expedition. Wir schätzen, dass wir dafür 80 Kilometer unterwegs sein werden. All die kleinen und großen Buchten und Halbinseln werden die Strecke bestimmt verlängern. Die gesamte Zeit über bleiben wir dabei im Parque National Bahía de Loreto, einem seit 1996 bestehenden Nationalpark, der auf einer Fläche von 2000 Quadratkilometern neben dem Meer und seinen Lebewesen die Inseln Carmen und Danzante sowie drei weitere Eilande in der Umgebung einbezieht. Über 800 Tiere und Pflanzen wurden als schützenswert eingestuft, einige der hier im Golf von Kalifornien lebenden Arten sind vom

◂ *Als eines von drei Schutzgebieten im Golf von Kalifornien hat die Bucht von Loreto seit 2005 den Status eines UNESCO-Weltnaturerbes.*

▸ *Mit einem »Panga« wird am ersten Morgen die gesamte Ausrüstung zur Isla Carmen gebracht. Einschließlich der noch verpackten Faltboote.*

Aussterben bedroht. Ein Grund mehr, dass die UNESCO im Jahre 2005 die Bucht von Loreto als eines von drei Schutzgebieten im Golf von Kalifornien zum Weltnaturerbe erklärt hat.

Eine Stunde und noch einmal eine halbe paddeln wir unterhalb der Steilküste entlang, bis sich endlich eine Möglichkeit für eine Pause ergibt. Wir sind allein, ganz allein, nur vorhin war kurz ein Motorboot der Nationalpark-Verwaltung vorbeigezischt. 200 Meter entfernt tanzen plötzlich Fische auf dem Wasser, Dutzende schnellen durch die Luft, man kann den dazugehörigen Schwarm nur erahnen. Das tun wohl auch die Pelikane, die sich auf einmal in großer Höhe über dem Getümmel gruppieren. Wahrscheinlich sehen sie von oben auch mehr, das Wasser ist klar genug: bis zu zehn Meter weit dringt in der Bucht von Loreto der Blick in die Tiefe. Mit einem Mal beginnen die tolpatschig wirkenden Vögel sich ins Meer zu stürzen, einer nach dem anderen. Keiner scheint einen harten Aufprall zu fürchten. Wie ein Stein fallen sie aus zehn, manchmal 20 Metern Höhe hinab, verschwinden in einer Gischtwolke und tauchen wenig später unbeschadet wieder auf. In ihrem Hautsack unterhalb des Schnabels sieht man

JANGADA
0302160914-3

im Gegenlicht oft Fische zappeln. Wenn die großen Vögel dann ihren Kopf in den Nacken legen und etwas hin und her ruckeln, weiß man, dass gerade ein lebendiger Fisch in Richtung Verdauungstrakt gerutscht ist.
Wir begnügen uns mit dem Zusehen beim Pelikan-Sushi und ernähren uns lieber von Beef Djerkey, getrocknetem Rindfleisch, Crackern und Orangen. In Loreto haben wir einen ganzen Sack voll von der Ladefläche eines Pick-ups gekauft. Morgen allerdings brauchen auch wir einen Fisch, es muss geangelt werden – es ist Katrins Geburtstag, und ein Geschenk aus der See, frisch zubereitet am Lagerfeuer, das wäre schon was.

Wale und Delfine haben wir heute bisher keine gesehen, aber fast gleichzeitig entdecken wir eine dunkle Linie am Horizont, die sich immer weiter über dem Meer ausbreitet. Links zieht sie schon an uns vorbei, als wir merken, was passiert. Es kommt Wind auf, und plötzlich schlägt er uns schon ins Gesicht. Fast vier Stunden zu früh, wenn wir Manuel glauben schenken können, der uns gestern noch gewarnt hatte: »Paddelt bloß immer richtig früh los. Ab 14 Uhr werdet ihr oft mit Nordwind zu tun haben.« Was die Temperaturen betrifft, die im Sommer schnell über 40 °C ansteigen, ist unsere Reisezeit jetzt im März eigentlich gut gewählt. Nur der Wind, der könnte tatsächlich ein Problem bedeuten. »Von Dezember bis März kommt er normalerweise aus Nordwest, mit wenigen Ausnahmen aus südlicher Richtung«, lesen wir im Buch »Adventure Kayaking Baja«, der Bibel für Paddler entlang der Halbinsel. Richtig übel wird es nur, wenn »El Norte« aufkommt. »El Norte« ist ein klassischer Wintersturm, der durch besondere klimatische Bedingungen im Süden der USA ausgelöst wird. In Baja kann »El Norte« leicht bedeuten, dass man drei Tage lang an Land bleiben muss, zu wild ist dann die See.
Das Gesicht im Wind, kämpfen wir uns Zug um Zug nach Norden vor, müssen alle Kraft aufbringen und dürfen nicht aufhören zu paddeln, sonst treiben wir zurück. »Wenn das der

◂ *Sturm und starke Dünung verhindern fast zwei Tage lang die Fahrt von Isla Carmen ans Festland. Dann wird es ein wilder Ritt.*

▾ *Wellen schlagen an einen Strand. An Sturmtagen, die einen Zwangsruhetag mit sich bringen, kann man ihnen stundenlang zuschauen, ohne sich zu langweilen.*

▸ ▾ *Wenn die Nächte in Baja wolkenlos sind, fasziniert ein kräftig strahlender Sternenhimmel.*

▸ *Jeder Strand birgt neues Treibgut: hier der sonnengebleichte Schädel eines Raubfisches.*

▸▸ *An der Westküste von Isla Carmen geht die Fahrt nach Norden, bei starkem Gegenwind von Bucht zu Bucht, jeden Windschatten nutzend. Wo der Meeresgrund sandig ist und nicht zu tief liegt, schimmert das Wasser türkisgrün.*

normale Nachmittagswind ist, möchte ich nicht wissen, was ein ›El Norte‹ bedeutet«, spricht Katrin aus, was auch Jens und mir durch den Kopf geht.

Geburtstagsfrühstück im Schlafsack

Wir zelten an einem riesigen Strand. Ein Arroyo, ein ausgetrockneter Fluss, zieht sich in unserem Rücken in die Berge, sein sandiges Bett ist übersät von Dornengewächsen und unterschiedlichsten Kakteen. Abgekämpft vom unablässigen Gegenwind hatten wir den Platz am gestrigen Nachmittag erreicht. Wie einen Tritt in den Hintern schippte uns die Brandung des nach Norden weisenden Strandes beim Anlanden noch ein paar Liter Wasser in die Boote.

Heute wollen wir noch früher aufbrechen, der Wind soll uns nicht wieder in die Quere kommen. Nur Katrin darf etwas länger schlafen: Zum Geburtstag wird ihr das Frühstück an den Schlafsack serviert, eine kleine Kerze krönt ein mexikanisches Törtchen.

Doch es nützt alles nichts: weder der Geburtstag noch das frühe Aufbrechen. Wir sind keine Viertelstunde auf dem Wasser, da kräuselt sich das Meer und der Wind ist da. Wieder aus Norden, wieder genau ins Gesicht. Bis 14 Uhr ist es noch lange hin. Ich wüsste zu gern, was Manuel jetzt sagen würde.

Wir versuchen, einen guten Rhythmus zu finden und mit unseren Kräften zu haushalten, und schaffen in der nächsten Stunde immerhin vier Kilometer, bevor wir für ein zweites Frühstück wieder in einer Bucht anlanden. Im Windschatten der Boote liegen wir am Strand, verputzen Geburtstagskekse und schauen auf das unruhige Meer hinaus. Sehen erst einen, dann noch einen und noch einen Wal vorbeiziehen. Ihr Blas steigt kaum in die Höhe, sondern wird sofort vom Wind zerfetzt.

Wir sind noch nicht weit gekommen heute und müssen irgendwann wieder los. Der Wind bläst unvermindert und hat

▸ *Avocados auf einer Kajaktour sind echter Luxus – besonders, wenn sie bis zur Ernte am Baum gereift sind.*

▸▸ *Die Tage in Baja sind nie lang genug. Gekocht und gegessen wird daher oft im Schein der Stirnlampe.*

▸▸▴ *Die Uferfelsen sind stark bevölkert: feuerrote Krebse leben in Nischen und Höhlen und kommen heraus, wenn sie sich ungestört fühlen.*

▸▸▾ *An der Westküste von Isla Carmen erlebt man Abend für Abend ein neues Schauspiel: Glühend versinkt die Sonne hinter den Bergen der Sierra de la Giganta.*

mittlerweile eine satte Dünung aufgebaut. Um den von der Steilküste reflektierten Wellen zu entgehen, die unangenehme Kreuzseen bilden, müssen wir einen guten Abstand zum Ufer halten. Die Wogen kommen in Gruppen und sind mal hoch, mal höher. Immer wieder passiert es, dass Jens oder Katrin plötzlich aus meinem Blickfeld verschwinden, verborgen sind hinter einer Wand aus Wasser.

Am Nachmittag – wir haben unser Tagespensum knapp erfüllt und uns einen geburtstagswürdigen Kiesstrand für die nächste Nacht gesucht – beratschlagen wir über die Karte gebeugt das weitere Vorgehen. Wir machen uns Sorgen, ob wir angesichts der starken Winde die geplante Umrundung der Insel durchführen können. Ein bis zwei Tage wären wir in ihrem Norden Wind und Wellen seitlich ausgesetzt. Entlang einer Steilküste mit wenigen Möglichkeiten anzulanden kein wirklicher Spaß. Erst recht nicht beim »El Norte«. Dort drei Tage festzusitzen könnte außerdem unseren Zeitplan in Gefahr bringen. Katrin und ich haben es zwar nicht eilig, aber Jens muss in einer Woche seinen Rückflug bekommen.
Als am nächsten Morgen noch immer der Wind pfeift, entscheiden wir uns schweren Herzens, Isla Carmen nicht zu umrunden, sondern nur so weit nach Norden vorzudringen, wie es unsere Zeit erlaubt, und dann auf dem Rückweg der Isla Danzante noch einen Besuch abzustatten. Nun habe ich etwas mehr Ruhe und kann Katrin auch den versprochenen Fisch besorgen. Gestern, an ihrem Geburtstag, hatte ich tatsächlich einen großen, schlanken Raubfisch an den Haken bekommen, als ich in der Bucht vor unserem Camp vom Boot aus angelte, doch kurz bevor ich ihn an Bord holen konnte, riss die Angelsehne. Rostspuren zeigten, dass sie nach drei Jahren sporadischem Salzwassereinsatz wohl einfach vergammelt war. Das letzte Mal hatte ich im Jahr davor auf Grönland geangelt.
Doch nicht nur, dass weder Katrin noch Jens meinen halben Erfolg mitbekommen hatten und meinen Erzählungen nicht glauben wollten, nein, viel schlimmer war, dass der Fisch mit unserem einzigen Köder im Meer verschwand.
Doch wir haben Glück: In einem Zubehörbeutel finde ich tatsächlich noch einen kleinen Haken. Keinen ausgefeilten künstlichen Köder, aber immerhin. Mit einem Stück Käserinde begebe ich mich auf eine Klippe. »Mit Käse fängt man Fisch«, meint Jens sich an ein Sprichwort seiner Kindheit zu erinnern. Wer weiß? Doch es klappt tatsächlich: Innerhalb von zwei Stunden hole ich zwei große, platte Fische aus dem Wasser.

Manuel hatte uns versichert, dass jeder Meeresfisch hier essbar sei, und obwohl seine Wetterprognose nicht ganz zutreffend war, scheint er diesmal recht zu behalten, und so genießen wir am Abend ein leckeres Mahl vom Grill. Zum Fisch gibt es eine Schüssel Reis mit Teriyaki-Sauce und Avocados, die so aromatisch sind, wie man es von zu Hause kaum kennt.

Mumifizierte Kugelfische am Strand

Nach einem faulen Pausentag und einer Nacht, in der die Wellen auf unseren Kiesstrand schlugen und sich der Lärm über die Steine bis unter unsere Isomatten fortsetzte, ist tatsächlich der Wind eingeschlafen. Wir machen uns auf, der Nordspitze der Isla etwas näher zu kommen. Kurz bevor wir die Boote ins Wasser schieben, zieht keine 50 Meter vom Ufer entfernt eine Schule Delfine vorbei. Bestimmt 20 von ihnen durchschneiden das Wasser, ein Schwarm Pelikane folgt dichtauf. Immer wieder stürzen sich einzelne Vögel inmitten der Meeressäuger ins Wasser und tauchen mit einem Fisch im Schnabel auf. Ein schöner Start für einen neuen Tag.
Entspannt bringen wir Kilometer um Kilometer hinter uns, haben dabei Muße, den Blick entlang der Küste auf Wanderschaft gehen zu lassen und die ins unendliche variierenden Rottöne der Berge zu studieren. Auf fast 400 Meter steigen die höchsten Gipfel im Norden der Isla Carmen an. Wir staunen noch immer über die grellroten Krebse, die auf der Insel überall entlang der Wasserlinie auf Steinen hocken, teilweise tellergroß, und suchen die heute so still daliegende Meeresoberfläche nach Walen ab. In Loreto haben wir außerdem Postkarten von springenden Mantarochen gesehen, aber auf das Glück eines solchen Erlebnisses wagen wir nicht einmal zu hoffen.
Zu wissen, dass sie neben den Walen und Delfinen, Seehunden, Meeresschildkröten, Haien und so vielen anderen Fischen unter uns durch die blaue Tiefe gleiten, ist aufregend genug. Auch Kugelfische muss es in der Sea of Cortez viele geben. An jedem Strand haben wir bisher mumifizierte Exemplare gefunden, ihre Körper vertrocknet und manchmal aufgeblasen, mit abstehenden Stacheln und einem närrischen Grinsen auf den knöchrigen Lippen.

Auf einmal brodelt das Meer zwei, vielleicht drei Kilometer vor uns. Jens blickt durch das Fernglas und bringt keinen Ton hervor. Ich muss selber hindurchschauen, um zu erfahren, was gerade passiert ... und traue meinen Augen kaum. Auf

▲ *Selten ist das Meer in Baja im Frühjahr so ruhig.*

geschätzten 300 Metern Länge kocht das Meer, ist aufgewühlt von Hunderten jagenden Delfinen, die immer wieder hoch aus dem Wasser schnellen. Vor Jahren hatte ich einmal von diesem Phänomen gelesen. Zwei Paddler waren zur richtigen Zeit am richtigen Ort gewesen und konnten das Schauspiel aus direkter Nähe betrachten. Und jetzt geht es fast ebenso. Ein Geschenk.

Unseren nördlichsten und wohl schönsten Zeltplatz erreichen wir am Abend. Eine lange, sanft geschwungene Bucht mit einem feinen Sandstrand, im Hintergrund eine weite, stachelig bewachsene Ebene. An ihrem nördlichen Rand ragen Felsen aus dem Wasser, ein Seeadlernest sitzt auf einem Vorsprung. Schon mehrfach hatten wir Adler hoch in den Lüften kreisen sehen, oft Kormorane am Wasserrand und auch einige Truthahngeier mit ihren leuchtend roten Köpfen in den Kakteenwäldern an den zur Küste abfallenden Geröllhängen. Viele, viele Zugvögel verbringen den Winter in Baja California.
Als wir am Abend am Lagerfeuer hocken und Jens etwas Holz nachlegt, kriecht plötzlich ein kleiner, gelber Skorpion aus einem Astloch, das keinen Zentimeter im Durchmesser misst. Er rennt erst auf Jens zu, überlegt es sich anders, dreht um und verbrennt im Feuer. Weil es im Baja einige sehr giftige Skorpione und auch viele Schlangen gibt, waren wir beim Sammeln des Feuerholzes sehr vorsichtig gewesen und hatten jeden einzelnen Ast achtsam umgedreht. Dass Skorpione aber in so kleinen Löchern sitzen, hätte keiner von uns gedacht. Ich schlage in meinem Wüstenführer nach und finde den Holzskorpion: Alle Merkmale stimmen überein. Gleich neben der Zeichnung lese ich, wie gefährlich diese Art ist: Ein Stich wird mit dem Wort »tödlich« beschrieben. In Loreto hatte man uns im Nationalparkbüro, in dem wir uns für die Fahrt hatten registrieren müssen, gewarnt. Vor Stachelrochen, Skorpionfischen, Quallen, Taranteln, Skorpionen und Schlangen. In Zukunft sind wir noch etwas vorsichtiger.

Salz aus Baja für Alaska

Es ist erstaunlich, wie salzig das Meereswasser im Golf von Kalifornien ist. Wann immer die Bootshaut oder Spritzdecke, Schwimmweste oder das Paddel oder auch nur mein Sonnenhut trocknen, bleibt eine weiße Kruste zurück. Fast könnten wir allein damit jeden Abend das Nudelwasser salzen.
Und so verwundert es auch nicht, dass im Nordosten der Isla Carmen einst in großem Stil Salz gewonnen wurde. Die seit Langem verlassene Siedlung Bahia Salinas mit maroden Wohnhütten und Schuppen, herumstehendem Werkzeug zur Salzgewinnung und einer im Hafenbecken gesunkenen Schute sind Zeugen der Geschichte.
Wind treibt Staub durch die Geisterstadt, und nur hier und da haben sich ein paar alte Fischer häuslich eingerichtet. Ein verwilderter Pfad führt durch die Berge aus dem Nordwesten herüber – früher sind schwer beladene Esel diesen Weg gegangen.

Das Salz von Isla Carmen war nicht irgendein Salz. Es muss gut gewesen sein, richtig gut. Selbst in der russischen Kolonie Sitka in Alaska, 5000 Kilometer im Norden, benutzte man es zu Zeiten der Pelzjäger, um Felle haltbar zu machen. Als ein Schiff, die »Naslednik Aleksandr« im Jahre 1841 den Bedarf für die nächsten drei Jahre an der Isla abholte, befand sich auch ein Wissenschaftler, I. G. Voznesenskii, an Bord. Auf der Reise durch die Sea of Cortez und entlang der Küsten von Baja sammelte und bestimmte er über 350 Pflanzen. Seine naturkundlichen Schätze liegen heute in einem botanischen Museum in St. Petersburg.

Mit 12 km/h dem Festland entgegen

Wind und Wetter sind mit uns, bis wir wieder das Südende der Insel erreichen, Punta Blanca, jenen Strand, an dem Manuel uns vor einer Woche ausgesetzt hatte. Am nächsten Tag wollen wir dreieinhalb Kilometer zur Isla Danzante queren. Doch daraus wird nichts. Über Nacht baut sich ein Wind auf, der auch am Morgen noch Stunde um Stunde weiter zuzunehmen scheint. Das Meer kocht, Schaumkronen bilden sich auf kleinen Wellen, die bald darauf wachsen und sich zu brechen beginnen. Schnell strömt das Wasser zwischen den beiden Inseln hindurch, eine Querung wird unmöglich, das müssen wir leider einsehen. Meterhoch schlagen die Wellen an die Klippen von Danzante, ihre Gischtwolken zerrissen vom Sturm. Wir verbringen den Tag im Windschatten unserer Zelte und hoffen auf Besserung. Doch auch nach einer weiteren Nacht stürmt es unvermindert. »Das ist wohl ›El Norte‹«, meint Jens zerknirscht beim Frühstück. »Und nun? – In zwei Tagen geht mein Flug.« Wir beratschlagen lange und packen irgendwann unsere Sachen. Sobald der Wind nachlässt, wollen wir die Querung wagen.

Doch es kommt anders, es kommt besser. Am Nachmittag – wir dösen neben unseren Booten vor uns hin – landen plötzlich 15 Kajaks an unserem Strand an. Der erste Schock weicht schnell Erleichterung. Die Gruppe wird von Claire und Jenny, zwei erfahrenen Paddlerinnen, angeführt. Und als sie von unserem Problem erfahren, bieten sie uns an, sich ihnen anzuschließen. Sie wollen gleich los und queren, hinüber zur Isla Danzante und dann weiter nach Ensenada Blanca ans Festland. »Aber beeilt euch.«

Die Querung wird ein Höllenritt. Mit jedem Meter, den wir uns vom Ufer entfernen, nimmt der Wind zu, werden die Wellen höher. Von schräg von hinten werden wir angeschoben und nehmen Fahrt auf, beginnen ungewollt zu surfen. Zwei Meter und mehr messen die Wogen, und nur der Gedanke, dass in diesen Faltbooten schon der Atlantik überquert und Kap Hoorn umrundet wurde, beruhigt. Tatsächlich kentert aber einen Kilometer vom Ufer entfernt ein Zweier-Seekajak. Nach dem ersten Schreck wird mithilfe einer der Guides routiniert zurück ins Boot gestiegen und mithilfe der Lenzpumpe das restliche Wasser aus den Luken geholt. Nach zehn Minuten kann es auch schon weitergehen. Wie Korken tanzen wir auf den Wellen, werden emporgehoben und stürzen ins nächste Wellental. Zwölf Kilometer pro Stunde zeigt unser GPS als Höchstgeschwindigkeit an.

Katrin und ich bilden das Ende unserer großen Truppe, und nur wir bekommen den Wal zu Gesicht, der keine 20 Meter entfernt zum Atmen auftaucht. Erst rechts von uns, dann noch einmal links. Vielleicht ist er direkt unter uns hindurchgetaucht? Isla Danzante zieht rechts an uns vorbei, imposant ragen ihre Felsen aus dem Wasser, blitzen kleine Buchten auf, die sicher einen Besuch wert gewesen wären. Doch wir sind heilfroh um unseren Begleitschutz und noch mehr, als wir endlich ins ruhige Wasser von Ensenada Blanca einfahren. Im knöcheltiefen Wasser laufen wir nach elf Kilometern und zwei Stunden auf Grund. Wir haben es geschafft. Jens bekommt seinen Flug, und wir alle eine große Portion Guacamole mit Tacos und ein Flasche eisgekühltes Corona-Bier. Viva Mexico!

Ein früher Morgen auf dem schmalen Luzin, dem schönsten der Feldberger Seen.

Wasserwege ohne Ende

Mecklenburg-Vorpommern – Deutschland

Mecklenburg-Vorpommern ist Deutschlands Paradies für Paddler: Dutzende Flüsse und Hunderte von Seen, verbunden durch alte Kanäle und romantische Fließe, bieten Kanukilometer für mehr als einen Urlaub.

Mit jedem Paddelschlag, mit jedem neuen See, wundern wir uns ein wenig mehr. So paradiesisch schön ist es ringsum, so still und rein, jeder Atemzug tut gut, besser als sonst irgendwo in den letzten Wochen. Wir wundern uns, dass man diese Kette glasklarer kleiner Tümpel und größerer Seen südlich des Städtchens Feldberg, allesamt verbunden über kleine Fließe, nicht schon längst so unter Naturschutz gestellt hat, dass Befahrungen auch Paddlern untersagt sind. Nicht, dass wir uns darüber beschweren oder gar dazu anstiften würden! Aber man kennt das ja von anderen Gewässern in Deutschland. Motorboote sind seit Jahren schon verbannt – dass wir noch hier sein dürfen, gleicht einem Geschenk.

Ramona Arlt und Thomas Seydl, ein junges Paar, das den Kanuhof in Wustrow, einem kleinen Städtchen an der zentralen Mecklenburger Seenplatte, leitet, hatte uns vor einigen Tagen von dieser Tour erzählt: »Eine der schönsten Fahrten weit und breit. Mal abgesehen von denen, die direkt an unserem Zeltplatz starten.«

Gegen Mittag sind wir in Carwitz gestartet, einem kleinen Ort, keine fünf Kilometer auf einer Stichstraße von Feldberg entfernt. Unser Ziel ist die Stadt Lychen. Carwitz, das aus wenig mehr besteht als einer Handvoll Häusern und einer schönen Dorfkirche entlang einer Kopfsteinpflaster-Sackgasse, kennt man vielleicht durch den Schriftsteller Hans Fallada, der hier in den 1930er-Jahren des letzten Jahrhunderts lebte. 17 seiner Werke, von denen »Kleiner Mann, was nun?« eines der bekanntesten ist, schrieb er in jenem Carwitzer Haus, das heute als Fallada-Museum besichtigt werden kann. Als er es im Jahre 1933 erwarb, schrieb er seiner Frau, die baldigst nachkommen sollte: »Mit 15 Schritten sind wir vom Haus am Wasser: Der See ist sehr tief, sein Wasser kristallklar, noch in der stärksten Sommerhitze bleibt es kühl.« So sauber ist das Wasser in fast allen Seen der Feldberger Seenlandschaft noch heute.
Unter meinem Kajak zieht der dunkle, wild bewachsene Grund des Krüselinsees vorbei, fällt hinab in die Tiefe, bis es irgendwann doch nur noch schwarz ist und ich mich wieder der Umgebung widmen kann. Eine kleine Insel lassen wir rechts liegen und halten auf das Südufer des Sees zu. Dort liegt die Krüseliner Mühle, das einzige Zeichen von Zivilisation überhaupt hier. Ansonsten sind die Ufer dicht von Wald umringt.

Bei einem Stück Pflaumenkuchen sitzen wir wenig später auf der Terrasse der Mühle, die inzwischen ein kleines Café beherbergt. Von einem Herrn vom Nebentisch, der zu Fuß durch den Wald hergekommen ist, hören wir Geschichten, die das Leben schrieb. Von früher, also der Zeit vor dem Mauerfall, als noch alles anders und manches besser war, und von heute, der ruhigen Zeit vom Herbst bis ins Frühjahr, aber auch von jenen Sommerwochenenden, an denen viele, viele Paddler wie Heuschreckenschwärme hier an der Mühle vorbeiziehen. »Da gibt's immer wieder welche, die wissen überhaupt nicht, wie empfindlich die Natur hier überhaupt ist. Trampeln alles nieder, wenn sie ihre Boote umtragen, ohne Rücksicht auf Verluste.«

Seeadler und Kormorane, Fische und Biber

Ganze fünf Portagen gibt es auf der Fahrt nach Lychen. Ohne eigenen Bootswagen ist man aufgeschmissen, doch diese kleinen Strapazen nimmt man gern in Kauf. Viel Abwechslung vor dem Bug ist als Belohnung sicher – kleine Seen, große Seen, Flussabschnitte durch dichten Wald und gerade mal paddelbreite Bäche, auf denen wir in mannshohem Schilf in engen Schlangenlinien nur schwerlich vorankommen. Fast sicher darf man mit Sichtungen von See- oder Fischadlern und Kormoranen rechnen. Muscheln und Fische grüßen von unten, und es kann passieren, dass plötzlich eine Kröte quakend einen Satz übers Bootsdeck macht, um vom linken zum rechten Ufer zu gelangen. Oder anders herum. Und wer ganz viel Glück hat, bekommt womöglich auch noch einen Schwarzstorch, Biber oder Fischotter zu Gesicht.

Es ist kaum zu glauben, welches Paradies sich für Paddler im Nordosten Deutschlands auftut. Gehört hat wohl jeder schon von Mecklenburg und seinen Gewässern, und wie gut es Wassersportler hier haben. Wie schön es wirklich ist, erfährt man nur am eigenen Leib und mit ein wenig Zeit. Denn erst, wenn man zwei, drei schöne Touren gemacht hat – wie die von Carwitz nach Lychen oder jene über die »Alte Fahrt« von der Müritz nach Mirow – und dann beim Blick auf die Karte oder in den Kanuführer feststellt, dass es noch ein Dutzend weitere, ähnlich schöne Möglichkeiten gibt, die nächste Woche im Boot zu verbringen –, erst dann kommt man so langsam dahinter, was Mecklenburg-Vorpommern und die Mecklenburgische Seenplatte von anderen schönen Zielen in Europa für Kanuten unterscheidet. Und merkt, dass man für einen Paddelurlaub gar nicht unbedingt nach Schweden, Finnland oder Masuren fahren muss.

Auf nicht ganz 25 000 Quadratkilometern zwischen der Ostseeküste im Norden, der polnischen Grenze im Osten, Brandenburg und Niedersachsen im Süden und Schleswig-Holstein im Westen vereint das Bundesland 1800 Seen jeder Größe, vom größten Binnensee Deutschlands, der Müritz, zum kleinsten Tümpel. Mit 1100 Quadratkilometern Wasserfläche ist die Mecklenburgische Seenplatte das größte geschlossene Seengebiet Mitteleuropas.

▲ Es gibt kaum etwas Schöneres, als im letzten Licht des Tages über einen stillen See zu paddeln. Jeder fallende Wassertropfen, jeder Strudel des Paddels, jeder Ruf eines Vogels wirkt intensiver.

Viele der Seen – aus dem Land gehobelt von der letzten Eiszeit vor mehr als 10 000 Jahren – sind miteinander verbunden. Seit jeher über natürliche Flussläufe oder Bäche, seit geraumer Zeit auch durch von Menschenhand geschaffene Kanäle, die ihre Funktionen als Wasserstraße für den Transport von Gütern heute kaum noch erfüllen, nun aber Freizeitkapitäne glücklich machen. Wochenlange Touren über Hunderte von Kilometern im Kanu sind möglich, ohne das Wasser kaum jemals verlassen zu müssen. Wem der Sinn danach steht, kann seine Reise am Anfang des Sommers in Berlin beginnen und bevor der Herbst anfängt in Hamburg beenden – alles auf dem Wasser, über die Verbindungen der mecklenburgischen Seen.

Dazu macht die Infrastruktur das Leben leicht: Man denkt hier an Wassersportler, hat ein dichtes Netz von Campingplätzen, und was man sonst noch so braucht, an den Ufern geschaffen. Es gibt Kanuverleiher, die jeden Wunsch erfüllen und sogar Rücktransporte zum Einsatzort anbieten. Dazu Kartenmaterial und Literatur, ganz auf Paddler zugeschnitten, damit man auch die schönsten Ecken findet – und wieder zurück zum Einsatzort. Denn manchmal kommt man sich vor wie in einem Labyrinth aus Wasser.

▸▸ Amazonas in Nordostdeutschland? Das letzte traumhaft wilde Stück Fluss, Bach oder See – man weiß es nicht – vor der Schreibermühle.

Und da sind nicht nur die Seen der Seenplatte, sondern auch eine Reihe schöner Flüsse, wenn einem der Sinn nach etwas Strömung unterm Kiel steht. Die alles verbindende Havel vielleicht oder die Elde, in großen Teilen zu offiziellen – aber längst nicht unromantischen – Wasserstraßen ausgebaut, die Ücker ganz im Osten, die Tollense, Mildenitz oder die Warnow. Mit ihren landschaftlichen Reizen ganz sicher Konkurrenz für die Seen.

◂ *Die vielen Seerosen zeugen von bester Wasserqualität. Egal, ob auf der »Alten Fahrt« nahe der Müritz oder auf einem anderen der vielen Seen.*

▸ *Spaß am schmalen Luzin. Die Seen Mecklenburgs sind ideal für abwechslungsreiche Touren mit der Familie.*

▲ *Paddler vor dem alten Fährhaus am schmalen Luzin. Wanderer können den See hier mit einer kleinen Seilfähre überqueren.*

▲ *An der Seenplatte hat man ein Herz für Paddler. Die Infrastruktur ist perfekt auf Wassersportler ausgelegt, es gibt viele Verleiher, Rastplätze für Paddler, gute Anlegemöglichkeiten und an Umtragestellen mitunter Gleisloren, damit man die Boote nicht selbst tragen muss.*

Die 500 schönsten Flussmeter Mecklenburgs

Die Warnow beispielsweise lernen wir an einem wunderschönen Herbsttag kennen. Über Nacht haben wir mit dem VW-Bus am Wasserwanderrastplatz in Weitendorf in der Nähe von Sternberg gestanden. Am Morgen sind es nur ein paar Schritte zum Wasser. Ein blauer Himmel ohne eine einzige Wolke beglückwünscht uns zu unserem Vorhaben, einen der schönsten Flüsse Mecklenburgs zu paddeln, und wenig später trägt uns die flotte Strömung davon. Ohne Zutun gleiten wir zwischen saftigen Wiesen ostwärts, ein Schwan und seine Familie bereiten uns auf einer langen Geraden Abwechslung, bevor die nächsten Kurven beginnen.
Obwohl auch auf der Warnow geführte Kanutouren angeboten werden, ist sie, wie viele andere Flüsse in Mecklenburg, viel weniger von Paddlern frequentiert als die Seen rund um die Müritz. Das mag vor allem an der etwas schlechteren Logistik für Wassersportler liegen, aber auch an den fehlenden Kombinationsmöglichkeiten für Leute, die ein paar Tage länger unterwegs sein wollen. In Kauf nehmen sollte man diese kleinen Nachteile allemal. Die Flüsse runden das Gesamtbild dieser Traumdestination für Paddler ab. Der Höhepunkt der Warnow – und vielleicht die 500 schönsten Flussmeter im ganzen Bundesland – ist der Warnow-Durchbruch. Eben noch frei und gemächlich fließend, geht es in einen Wald hinein und mit einem Mal sprudelnd zur Sache. Die Warnow wird in ein Korsett gepresst und strömt plötzlich fast doppelt so schnell, kurvenreich und mit einem merklichen Gefälle zu Tal.

Wer hier nicht weiß, wie er seinem Boot schnelle Richtungswechsel beibringen soll, ist aufgeschmissen. Und sollte vielleicht doch lieber auf den Seen bleiben, wo für alle Entscheidungen etwas mehr Zeit bleibt. Auch für jene, welche der unzähligen möglichen Touren man als nächstes in Angriff nehmen möchte.

▸ Nebel im Great Bear Rainforest: Eine perfekte Stimmung für die Fahrt durch die einsame Inselwelt.

Im Regenwald des großen Bären

British Columbia – Kanada

Ein Küstenregenwald, der sich über eine Fläche zweimal so groß wie Belgien erstreckt; über Berghänge, die ins Meer fallen und Tausende von Inseln, gesäumt von rauem Meer, durchzogen von geschützten Passagen. Eine Gegend, in der sich Wolf und Bär Gute Nacht sagen und Fischadler und Orcas die gleichen fetten Lachse um die Wette jagen: eine 25-tägige Fahrt fernab der Zivilisation durch den Great Bear Rainforest an der Westküste von British Columbia.

»Wieso eigentlich haben wir immer so viel Gepäck?« Die Frage kann ich Katrin auch nicht so richtig beantworten. Eigentlich war das schon immer so. Obwohl ... dieses eine Mal könnte vielleicht das bloße Ziel und die Dauer unserer Reise als Entschuldigung herhalten: Eine Seekajaktour im Great Bear Rainforest an der Küste von British Columbia, 25 Tage ohne Kontakt zur Zivilisation.

Der indische Taxifahrer, der uns in Vancouver am Hotel abholt, scheint auch nicht gerade begeistert von unserem Gepäckberg: »In meinen Kofferraum könnte ich bestimmt fünf Leichen stapeln, aber das kriegen wir da nie rein.« Am Ende ragen wenigstens nur die beiden Säcke der Faltboote halb unter der Klappe hervor, der ganze Rest ist sicher verstaut.

Am Flughafen: »Das sind knapp 80 Kilo Übergepäck. Tut mir leid!« 75 Kilogramm waren erlaubt, gut 30 haben wir noch ins Handgepäck geschmuggelt, es reicht trotzdem nicht. Einen Großteil der Lebensmittel haben wir dabei, das dürfte das Problem sein. Zu ungewiss war die Aussicht auf Einkaufsmöglichkeiten in Bella Bella, dem Ort, der Start und Ziel unserer Tour sein wird. Gegen Mittag sind wir dort, befinden uns auf Campbell Island, etwa auf halber Strecke zwischen dem Nordende von Vancouver Island und der Grenze zu Alaska. 1300 Einwohner zählt Bella Bella, etwa 90 Prozent von ihnen sind Heiltsuk-Indianer, die seit Tausenden von Jahren diesen Bereich der Küste von British Columbia besiedelt haben.

In fast brütender Hitze bauen wir an einem Kiesstrand neben dem örtlichen Krankenhaus die Boote auf, kämpfen mit Spanten, Haut und Süllrändern, bis es am späten Nachmittag geschafft ist, zwei wunderschöne Faltboote vor uns liegen, eines blau, eines gelb, beide beladen mit Ausrüstung und Proviant für mehr als drei Wochen.

Fünf Kilogramm Mehl, dazu Nutella

Noch nie sind wir so lange am Stück in der Wildnis unterwegs gewesen – ohne Dusche, ohne Supermarkt, Kneipe oder ein richtiges Bett. Wir haben Unmengen an Pasta und Reis dabei (und eine Angel, um das Menü zu ergänzen), Soßen in Pulverform, Müsli und Milchpulver, fünf Kilogramm Mehl zum Brotbacken (dazu Nutella), Tee, Speck, Salami und viel, viel Schokolade. Wir sind gespannt auf alles, was da auf uns zukommen mag, neugierig und ein wenig aufgeregt.

Tief liegen die Boote im Wasser, als wir Kurs auf Rainbow Island nehmen und die Paddel zum ersten Mal durchs Wasser des Pazifiks ziehen. Ein kleiner Strudel zieht vom Blatt parallel zum Boot gen Heck und löst sich langsam auf. Tausendfach wird sich diese Bewegung nun wiederholen, Tag für Tag.

Erst links, dann rechts, dann wieder links ...

Eine gute Stunde sind wir unterwegs, dann haben wir unseren ersten Zeltplatz gefunden. Knirschend schiebt sich mein Boot auf den Kiesstrand im Norden von Rainbow Island. Ein Weißkopf-Seeadler – mindestens drei Jahre alt, zu erkennen an sei-

nem Kopf, der sich erst nach 36 Monaten weiß zu färben beginnt – sitzt hoch im Wipfel einer nahen Sitka-Fichte und hat uns fest im Blick. Drei Raben fliegen einen Angriff auf den prächtigen Vogel, der sich elegant von seinem Ast schwingt und sich genervt von den Rabauken davonmacht.
Kaum haben wir das Zelt aufgebaut, springt ein fetter Lachs aus dem Wasser, direkt vor unserem Strand. Einmal, zweimal, dreimal. Ein Zeichen, da bin ich mir sicher, und schon dabei, meine Angel zu montieren. »Du fängst doch garantiert nichts«, ruft Katrin mir lachend hinterher. Da bin ich anderer Meinung. Ich werfe die Angel weit aus, etwa dorthin, wo sich der Lachs herumgetrieben hatte. Und, zack, ich spüre einen Widerstand, keine Minute ist vergangen. Ha! Wenig später darf ich nackt ins Meer springen, um den am Grund festsitzenden Haken zu lösen. Während ich Katrin breit grinsen sehe, steigen in der Nähe Luftblasen auf. Kann nur der lachende Lachs sein.

Bäume, 1500 Jahre alt

Zwei Tage später mache ich es besser. Von Rainbow Island sind wir westwärts durch den Seaforth Channel in Richtung offenes Meer gepaddelt. Das ist jetzt nicht mehr fern, doch Hunderte von Inseln liegen im Norden und Süden als Wellenbrecher vor dem Festland. Sie alle gehören zum Great Bear Rainforest, dem weltweit größten zusammenhängenden temperierten Regenwald. Auf knapp 65 000 Quadratkilometern – einer Fläche, die doppelt so groß ist wie Belgien – wachsen hier dicht wie ein fein gewobener Teppich Douglasien, Sitka-Fichten, Hemlock-Tannen und viele andere Bäume, manche bis zu 1500 Jahre alt und 100 Meter hoch. Für die Holzindustrie eine Goldgrube, ein Paradies, das längst ausgebeutet und unwiederbringlich verloren wäre, würden Umweltschutzorganisationen nicht schon seit Jahren erbitterten Widerstand leisten und von Zeit zu Zeit kleine Siege feiern.

▲ *Zwischen dem Ort Bella Bella und dem offenen Pazifik im Westen liegt ein Reich aus Hunderten zumeist dicht bewaldeten Inseln. Nicht immer ist es leicht, den richtigen Weg zu finden, eine gute Karte ist absolut unverzichtbar.*

▸▸ *Sonnenaufgang auf einer namenlosen Insel der Forgotten Coast. Treibholz säumt fast alle flachen Uferzonen. Wo sich viele Stämme angesammelt haben, liegen sie mitunter sonnengeblichen und glatt geschliffen wie ein gigantisches Mikado-Spiel ineinander verkeilt.*

Bevor wir morgen Kurs Süd nehmen werden, schlagen wir an der Einfahrt zur Gale Passage an einem Kiesstrand unser Zelt auf. Während Katrin unsere »Wohnung« aufbaut, bleibe ich im Boot, die Angel im Anschlag und daran befestigt einen neuen Köder, den wir noch in Vancouver besorgt haben: »Buzz Bomb« nennt sich das kleine bunte Metallstück, das beim Absinken einen verletzten Fisch mimen soll. Entweder macht es das richtig gut oder ich habe doch Anglerblut im Arm. Nach zehn Minuten kehre ich mit zwei hübschen Fischen an Land zurück. Welch ein Triumph! Wir nehmen die Fische aus, würzen sie mit Kräutern und japanischer Teriyaki-Soße und wickeln sie mit Knoblauch, Zwiebeln und Öl in Alufolie. Die glänzenden Pakete kommen auf den Rost über dem offenen Feuer. Wir haben uns einen Tisch aus Treibholz gebaut, sitzen entspannt in unseren zu halben Sesseln umfunktionierten Isomatten, starren aufs Feuer, lauschen seinem Knistern und Knacken und den am Strand auslaufenden

Wellen, bis wir endlich essen können. Diesmal werde ich gelobt. Wie schnell sich das Blatt doch wenden kann.
Auf den Inseln im Great Bear Rainforest soll es Wölfe und Bären geben, sollen zwischen den Eilanden und draußen am Küstensaum viele Wale und Delfine schwimmen. Wir sind gespannt und hoffen, möglichst viele Tiere zu sehen. Vielleicht sogar einen der seltenen Kermode-Bären, Schwarzbären, deren Fell fast weiß ausgeprägt ist.
Schon zum vierten Mal versuchen wir auch an diesem Zeltplatz, unsere wasserdichten Säcke mit Lebensmitteln in einen Baum hochzuziehen, damit vor allem Bären keine Chance haben, unsere Vorräte aufzufuttern. Doch auch heute Abend schlägt der Versuch fehl: Alle erreichbaren Äste sind morsch

▲ *Die Westküste von British Columbia rund um Bella Bella gehört mit durchschnittlich 2600 mm Niederschlag pro Jahr zu einer der feuchteren Regionen der Erde. Ein, zwei Wochen in strömendem Regen unterwegs zu sein, ist da nicht weiter ungewöhnlich.*

▸ *Zeltplatz auf einer namenlosen Insel gegenüber von Goose Island. Bei Flut reicht das Wasser bis auf wenige Meter an das Camp heran.*

oder einfach zu schwach. So stapeln wir die Säcke möglichst wackelig und krönen sie mit unseren Töpfen und Bechern – gut 20 Meter vom Zelt entfernt. Vielleicht kann zumindest der Lärm des im Notfall zusammenbrechenden Gebildes die Angreifer verscheuchen.

Mit dieser Hoffnung schlafe ich selig ein. Katrin nicht. Jedes Knacken im nahen Wald könnte ein Zähne fletschendes, hungriges Ungeheuer sein. Und es knackt viel. Irgendwann kommen tapsende Schritte auf den Steinen des Kiesstrands dazu, und sie weckt mich: »Du, da ist etwas.« – »Hmmm?!« – »Nein. Wirklich. Was Großes.« Als ich irgendwann selbst das Geräusch höre, bin ich doch schnell hellwach. Etwas Schweres tritt auf den Kies, ganz in unserer Nähe. Ein Bär, ein Hirsch, ein Wolf? Vorsichtshalber hole ich unser Air-Horn hervor – eigentlich eine Seenot-Signaltröte, doch angeblich gut geeignet zum Vertreiben von Bären – und lege mir mein Messer ans Kopfende. Dann lauschen wir wieder. Die Schritte sind noch immer da. Jetzt von zwei Seiten. Langsam öffne ich die vordere Apsis. Die Schritte werden schneller, ein Schatten huscht vorbei und einen nahen Felsbuckel hinauf. Vor dem Hintergrund des nicht ganz dunklen Nachthimmels sehe ich die Umrisse eines Hundes. Eines sehr großen Hundes. »Katrin, da ist ein Wolf«, flüstere ich meiner Freundin zu, und kann das Grinsen kaum unterdrücken. Ein Wolf! Schon seit Jahren hatte ich mir eine solche Begegnung gewünscht und doch nie das Glück gehabt.

▲ *Gutes Wetter mit sonnigen Tagen ohne Unterbrechung ist das, was man sich meistens für seine Tour wünscht. Doch erst Wetterumschwünge, Regen und Sturm sorgen für mystische Momente wie diesen.*

Vorerst bleibt er verschwunden. Nach einer Weile nähern sich die Tapser im Kies erneut. Diesmal aus Richtung Lebensmitteldepot. Ich öffne die hintere Apsis, in der einen Hand die Tröte, in der anderen die Taschenlampe. Von den Säcken blitzt mich ein Augenpaar an. Das geht zu weit. Ich zische den Wolf an, schimpfe ihn aus, rate ihm, sich von unserem Essen zu verziehen, sonst bekäme er's mit mir zu tun. Irgendwann trollt er sich tatsächlich. Aber stolz und ganz gemächlich. Geht runter zum Wasser. Wo ein zweiter Wolf wartet. Sie stupsen sich an den Nasen. Einer größer, einer kleiner. Mutter und Junges? Der Größere kommt wieder hoch zu uns, verharrt hinter den Booten, die unmittelbar neben dem Zelt liegen. Mein Herz rast – drei Meter entfernt ein Wolf, der mich anstarrt, den ich anstarre. Katrin will auch mal gucken, dann wieder ich. Noch bevor mir einfällt, von der Szene ein Foto zu machen, zieht er – oder sie – sich zurück, den kleinen Wolf im Schlepp. Es dauert lange, bis ich wieder schlafe. Und noch länger, bis ich verkrafte, kein Foto gemacht zu haben.

Eine Stromschnelle im Meer

Am nächsten Morgen bleibt das Klingeln des Weckers zum Sonnenaufgang erfolglos, und so kommen wir erst los, als die Ebbe bereits eingesetzt hat und uns das Wasser aus der Gale Passage entgegenströmt. In den schmalen Channels zwischen den Inseln kann sich das schnell anfühlen, als wäre man auf einem Fluss unterwegs. Wir kommen trotzdem voran, müssen nur etwas mehr reinhauen. Viel größere Sorgen bereiten uns die »Tidal Rapids« – Gezeitenstromschnellen, die auf der Karte eingezeichnet sind. Tidal Rapids treten häufig auf, wenn Meereswasser bei Gezeitenwechsel durch enge Kanäle gepresst wird. Teilweise fließt dann Wasser über Stufen im Untergrund und schäumt wie bei Stromschnellen, die man sonst nur von Flüssen kennt. Das kann Paddlern gefährlich werden, nicht aber entlang unserer geplanten Route – haben wir uns sagen lassen. Trotzdem wollen wir uns in diesem Punkt lieber selbst ein Bild machen.

Es rauscht schon von Weitem, die Strömung wird stärker. Dicht am Ufer nähern wir uns der Engstelle zwischen zwei Inseln, vielleicht 15 Meter breit. Es gibt keine großen Wellen und nur einen kleinen Absatz, aber die Strömung ist gerade so stark, dass wir es nicht schaffen, die Schnelle hinaufzupaddeln. Also treideln wir die Faltboote hinauf, packen einer vorn,

einer hinten an, bis zu den Knien im Wasser stehend, die Füße zwischen bunten Seesternen, die das strömungsreiche Wasser in großer Zahl bevölkern.
Drüben geht es ähnlich schmal weiter, gewunden wie auf einem Bach. Zu beiden Seiten locken Inseln und Inselchen, dicht bewachsen von Douglasien, Sitka-Fichten und Hemlock-Tannen.

Zwei Stunden über die offene See

Unser großes Ziel ist Goose Island, eine durch ihre Lage ganz besondere Insel. Relativ isoliert liegt sie unserem Archipel der Central Coast gut acht Kilometer vorgelagert. Zehn Kilometer lang und zwei Kilometer breit, ist sie mit zwei, drei kleinen Nachbarinseln Refugium für viele Tiere. Nicht nur unzählige Vögel leben hier an geschützten Lagunen, auch eine eigene Wolfspopulation soll es auf Goose Island geben – Grund genug, einmal vorbeizuschauen.
Am Morgen waren wir in dichtem Nebel vom Louise Campsite gestartet, hatten uns an nur schemenhaft zu erkennenden Inseln südwärts vorangetastet bis nach Iroquois Island. Dort füllten wir aus einem Bach unsere Wassersäcke für die nächste Woche und angelten in der Mittagspause quasi nebenbei und in zehn Minuten noch einen kapitalen Red Snapper. Jetzt sind wir unterwegs, den Bug geradewegs gen Westen gerichtet, auf die kleine Erhebung inmitten des großen Pazifiks zu, die Goose Island sein müsste. Die letzten Inseln liegen hinter uns, die Gezeiten sind mit uns, der Wind kommt immerhin nur von der Seite, nicht von vorn. Wir ziehen die Paddel durchs Wasser, links, rechts, links, rechts. Wieder und wieder. Zehn Minuten, 30 Minuten, eine Stunde. Goose Island scheint nicht näher zu kommen, das Land hinter uns nur langsam zurückzubleiben. Langsam werden die Arme schwer, zumal man durch den Wind kaum einmal für längere Zeit pausieren kann, ohne Gefahr zu laufen, zu stark abzutreiben. Außerdem meldet sich meine Blase. Verdammt. Dabei hatte ich vor dem Start extra nicht mehr viel getrunken. Nur schnell weiter, links, rechts, links, rechts. Nach eindreiviertel Stunden sind wir auf gleicher Höhe mit Goose Island und finden 15 Minuten später auch einen fantastischen Sandstrand am Nordende der Insel.
»Hier bleiben wir. Mindestens zwei Nächte!« Katrin beschert uns mit dieser Entscheidung einen Pausentag. Ich möchte nicht widersprechen, wir haben genug Zeit, und es ist verdammt schön hier. Die Spuren eines Rehs am Strand sind

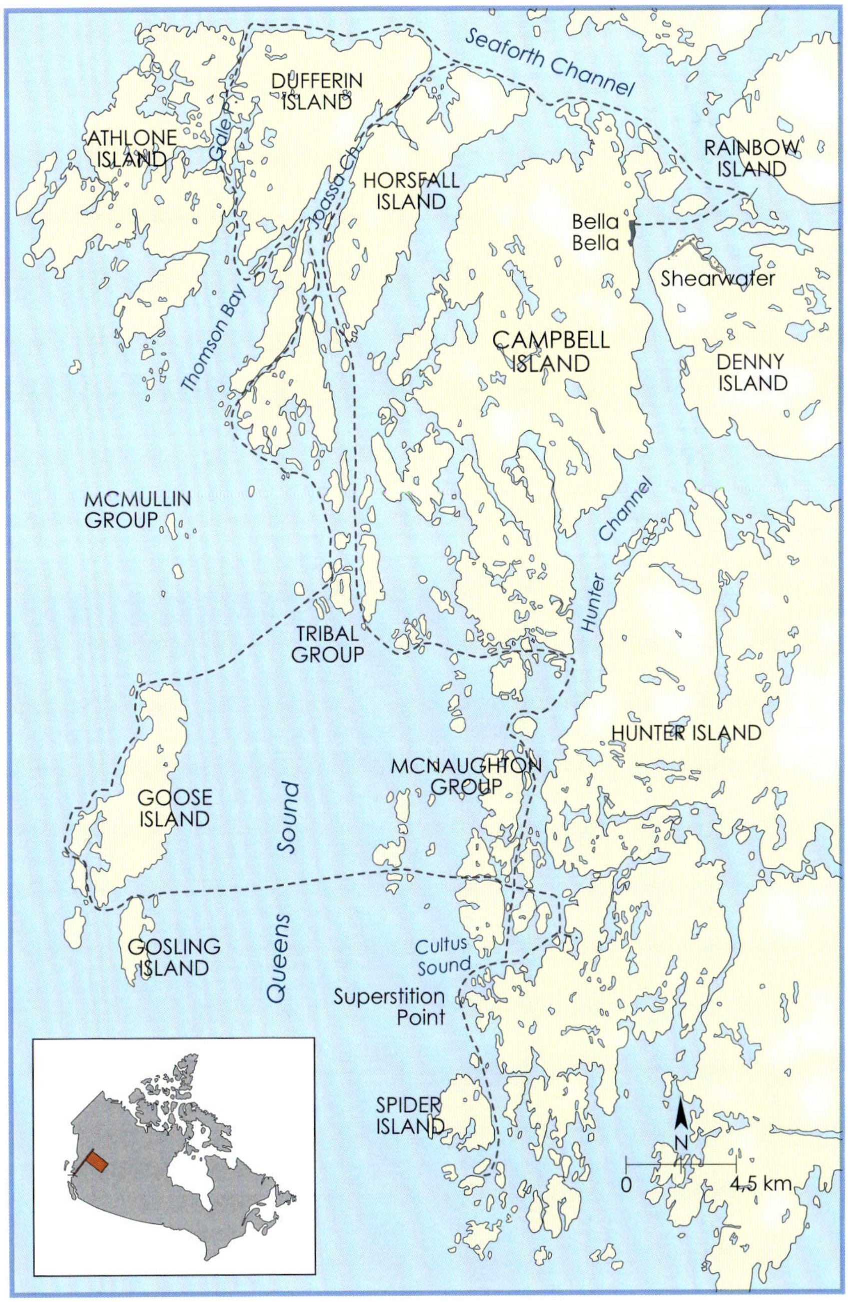

noch ganz frisch, Tatzenabdrücke von Wölfen oder Bären entdecken wir hingegen nirgends. Trotzdem – heute hängen wir die Lebensmittel hoch in einen Baum. Der knorrige Wald im Rücken der Bucht ist dafür ausnahmsweise bestens geeignet, und nachdem ich meinen Wurfsack beim ersten Versuch gleich im Ganzen in die ersten Äste geworfen habe, klappt es wenig später befriedigend.

Der Regen kommt

In keiner der beiden Nächte hier am Nordende der Insel und auch nicht in zwei weiteren am Südende von Goose Island sehen wir Wölfe oder Bären, so viel sei vorweg verraten. Doch wir entdecken wunderschön verwunschene Buchten, verkeilte

◂ *In drei Wochen nur eine Handvoll Paddler treffen – im Great Bear Rainforest kein Problem.*

▸ *Nach 25 Tagen die Rückkehr nach Bella Bella – erschöpft und glücklich zurück in der Zivilisation. Die erste Dusche, das erste richtige Bett, das erste Bier seit über drei Wochen warten.*

▸▸ *Die Essenz der Forgotten Coast: ein Zeltplatz, gerade so groß wie das Zelt, ein Lagerfeuer, eine große Portion Pasta, manchmal ein selbst gefangener Fisch. Und unendliche Stille. Wölfe und Bären tapsen vielleicht nur einen Steinwurf entfernt durch den Wald.*

91492
CASH

▸ Der Regen kommt nach zehn Tagen Sonnenschein. Und bleibt bis zum Ende der Tour steter Begleiter.

▸▸ Das Besondere auf richtig langen Touren: Im Gepäck befinden sich allerlei Köstlichkeiten für die Küche, und an Pausentagen bleibt Zeit, sich auch mal ein Regal für das Esszimmer zu bauen.

▸▸▴ Selbst gebackenes Brot und Nutella – an Regentagen ideal, um schlechte Laune zu bekämpfen.

▸▸▾ Wer lange in der Wildnis unterwegs ist, sollte am besten mehrere Reparaturhülsen für das Zeltgestänge mitnehmen. Oder eben viel, viel Tape.

▸▸⏬ Ein wenig Stil muss sein: Einen selbst gefangenen Fisch verzehrt man nicht einfach so vom Strandboden …

Gebilde von Treibholz, angeschwemmte Fender, einen leeren Reissack und eine Postkiste aus Asien ... und finden heraus, was passiert, wenn eine Isomatte verrückt spielt. Von einem Tag zum nächsten beginnt sie sich zu wölben und verformt sich letztendlich zu einem Medizinball mit einer angehängten halben Isomatte. Fortan bette ich mich auf Berge von Fleece und eine luftleere Matte.
Überhaupt stellen wir mit jedem Tag, den wir länger unterwegs sind, fest, dass es bei dieser Tour nicht um das Zurücklegen von Kilometern geht, sondern darum, die Zeit von mehr als drei Wochen in der Wildnis durchzustehen. Schon lange hatten wir uns gewünscht, einmal nicht bloß für eine Woche oder maximal zehn Tage unterwegs zu sein, sondern richtig lange. Auf uns allein gestellt. Jetzt haben wir, was wir wollten, stellen aber auch fest, dass es aufreibend sein kann, viel Zeit zu haben. Zum Beispiel, wenn die Isomatte plötzlich den Geist aufgibt, und es noch zwei Wochen sind, bis sich das Problem beheben lässt oder man wieder in einem richtigen Bett schläft.
Vor allem das Wetter macht es uns in der zweiten Hälfte der Tour schwer: Nach fast zehn Tagen Sonnenschein kommt über Nacht der erste Regen. Er bleibt für 24 Stunden, durchnässt, was sich ihm in den Weg stellt. Und kommt fortan alle zwei, drei Tage wieder, um erneut für 24 oder 48 Stunden zu bleiben. An unserem Zelt brechen ohne Ankündigung – und ohne Belastung – drei Gestängebögen, Sand von den vielen fantastischen Zeltplätzen gräbt sich in jede Ritze unserer Ausrüstung, eine Salzwasserkruste überzieht so ziemlich alles, was nicht wasserdicht verpackt ist. Auch wir waschen uns die ganze Zeit nur mit Salzwasser, genauso wie einzelne Bekleidungsstücke, die nach und nach anfangen zu stinken.

Am 24. Tag knirscht wieder der Sand von Rainbow Island, als wir für die letzte Nacht an unserer alten bekannten Insel in der Nachbarschaft von Bella Bella anlanden. Die Tour war toll, wir haben viel erlebt. Und wir sind richtig heiß darauf, zurück in die Zivilisation zu kommen. Fast als wollte uns die Natur zurückhalten und uns nach allen Strapazen gnädig stimmen und belohnen, schenkt sie uns am Abend einen langen Regenbogen über den dampfenden Wäldern gegenüber unserer Insel. Und damit die Antwort auf die erste Frage dieser Tour – jetzt wissen wir, wieso Rainbow Island heißt, wie es heißt.

MILK

Nutella!

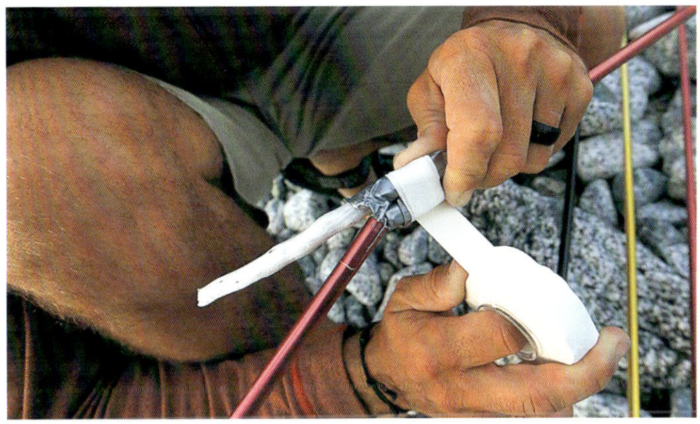

▸ *Die Küste nördlich von Dubrovnik ist oft schroff und steil: spannend, aber mitunter sehr nervenaufreibend bei der Suche nach einem Zeltplatz.*

Wind im Gesicht

Pelješac-Halbinsel – Kroatien

Wenn sich im Herbst das nördliche Europa langsam auf den Winter einstellt, beginnt in Kroatien die schönste Zeit für Touren im Boot: Die meisten Gäste sind fort, die Temperaturen auf ein erträgliches Niveau gesunken und das Wasser ist trotzdem noch herrlich warm. Nur wenn der Jugo kommt und die Adria mit voller Kraft aufwühlt, kann es passieren, dass man auch als Paddler ein paar Tage an Land bleiben muss.

»Germany car the best! Half a million kilometres. And one litre oil for 10 000 kilometres.« Jens und ich sitzen in einem Taxi, das uns von Dubrovnik nach Zaton bringt, dem ersten kleinen Ort nördlich der Stadt. Unser Taxifahrer, ein wettergegerbter Kroate mit beeindruckender Mimik, ist überzeugt von seinem Mercedes 230D. Und hat auch sonst einiges auf dem Kasten: Ganz gleich, welche Frage ich ihm stelle, bevor er antwortet, schiebt er seine Unterlippe vor, macht ein schmatzendes Geräusch, schaut mich kurz an und verdreht dann die Augen. Ganz so als wollte er sagen: »Junge, was fragst du denn da? Natürlich ist Dubrovnik für mich der schönste Ort Kroatiens, natürlich kenne ich Zaton und natürlich bin ich auch Fischer. Ist ja wohl klar. Sieht man ja wohl.« Oder so ähnlich.

Er warnt uns vor den gefährlichen Winden in Süd-Dalmatien, erzählt, dass man ganz hervorragend fischen kann hier.

Als Beweis zeigt er uns ein Foto von einem 39 Kilogramm schweren Schwertfisch, den er vor einiger Zeit gefangen hat. Das Bild zeigt den Fisch und ihn selbst vom Hals abwärts. »Der Fotograf, mein Kumpel, hat sich einen Scherz erlaubt.«

In Zaton finden wir in einem unscheinbaren Wohnhaus mit einem kleinen Mandarinenhain die Kajakstation von Huck Finn, einem der ältesten Veranstalter von Outdoor-Touren in Kroatien. Hier haben wir zwei Boote reserviert. Am nächsten Morgen wird man uns wie verabredet nach Trpanj bringen, einem Ort am Nordufer der Pelješac-Halbinsel.

Von dort wollen wir in den nächsten zehn Tagen erst die rund 70 Kilometer weit vom kroatischen Festland ins Meer ragende Landzunge zu drei Vierteln umrunden und dann durch die südöstlich liegenden Elafiti-Inseln zurück nach Dubrovnik paddeln.

Kroatien aus dem Bilderbuch

Der erste Tag ist genau so, wie man es von all den Fotos aus Kroatien kennt: Der Himmel ist blau, das Meer schimmert verführerisch türkisgrün. An der Marienstatue vorbei, die über den kleinen Hafen von Trpanj wacht, paddeln wir hinaus aufs Meer und lassen uns von der frischen Brise mitnehmen, die westwärts zur Spitze der Halbinsel Pelješac weht.

Die Küste ist wild und steil, und seitdem das letzte Haus von Trpanj hinter uns liegt, gibt es keine Möglichkeit mehr, anzulanden – scharfkantige Felsen reichen hinunter zu den anbrandenden Wellen. Erst nach einigen Kilometern gleiten wir an einem ersten schönen Strand vorbei und wenig später an einem kleinen Dorf, das jetzt, Mitte Oktober, bereits verlassen scheint. Selbst Fischer halten sich hier nicht mehr auf. »Wissen die etwas, was wir nicht wissen?«, fragt mich Jens. »Das Wetter ist doch fantastisch.« Dass sich das im Herbst aber auch in Kroatien schnell ändern kann, merken wir zwei Tage später. Nach zwei schönen Etappen mit ruhigem Wasser und leichtem Wind im Rücken wird am Nachmittag des dritten Tages aus Windstille und Sonnenschein ein trüber Himmel mit kräftig auffrischendem Wind.

In Orebić, dem einzigen großen Ort auf Pelješac, kaufen wir noch einmal frisches Brot und bunkern Trinkwasser, dann

▸ *Ein weiterer Tag an Land. Der Jugo ist zurückgekehrt.*

▸▸ *Glasklares Wasser und oft Sicht bis zum Grund: Kroatien hält, was sein Ruf verspricht.*

▸▸▴ *Morgengrauen in der Bucht von Prapratno. Zwei Fischer begrüßen den Tag auf ihre Weise.*

▸▸▾ *Dünung auf dem Weg nach Podobuče.*

wollen wir noch ein paar Kilometer schaffen, bevor wir das Lager aufschlagen. Beim Queren der großen Bucht südlich von Orebić haben wir Wind und Wellen aus Südost gegen uns. Von schräg rechts vorn rollen sie mal unter uns durch, dann wieder klatschen sie auf Deck; Gischt spritzt uns ins Gesicht. Gegenüber paddeln wir unterhalb eines Steilufers weiter. Die Sonne steht schon tief und lässt die Klippen in zahlreichen Braun- und Ockertönen aufleuchten. Wir halten etwas Abstand vom Land, um nur den Wellen vom offenen Meer ausgesetzt zu sein und nicht auch noch auf die unberechenbaren Wogen achten zu müssen, die vom Ufer zurückgeworfen werden und unschöne Kreuzseen bilden. Wüssten wir, was uns in den nächsten Tagen erwartet, würden wir die aktuellen Wellen belächeln.

Was uns momentan weitaus größere Sorgen bereitet als die Dünung, ist die Frage, ob wir noch vor Sonnenuntergang einen geeigneten Platz für unser Zelt finden werden. Wir brauchen nicht viel, ein paar trockene, ebene Quadratmeter reichen schon aus, aber dieser Küstenabschnitt scheut sich, uns selbst das Wenige abzutreten.

Rettung könnte der Ort Podobuče bringen, laut unserer Karte ein winziger Hafen ein kleines Stück weiter. Mit den letzten Sonnenstrahlen erreichen wir die kaum 50 Meter breite Einfahrt in den Naturhafen mit einem Steilufer links, einer kleinen Mole rechts und einem Kiesstrand im Halbrund am Scheitel der etwa 100 Meter tiefen Bucht. Hinter dem Strand eine Reihe Ferienhäuser, dahinter steigt das Land schroff an und bietet nur noch wenigen Wohnhäusern Platz.

Der Jugo frischt auf

Auch Podobuče wirkt ausgestorben, lediglich einige Fischer scheinen die Nachhut zu bilden. In einem Restaurant, das seinen Betrieb für die Saison ganz offensichtlich schon eingestellt hat, brennt noch Licht. Nachdem wir unsere Kajaks den Kiesstrand hinaufgezogen haben, klopfe ich vorsichtig an die Tür, um Erlaubnis für eine Übernachtung am Strand zu erbitten. »Naja. Ihr könnt hier wohl schon schlafen. Ich weiß nicht. Da hat bestimmt niemand etwas dagegen.« Dem Sohn des Restaurantbesitzers ist es ganz offensichtlich egal, aber er will sich auch nicht so recht aus dem Fenster hängen und es uns

▸▸ *Die Zeit zum Abflug rückt näher, doch das Meer beruhigt sich nicht. Einige Kilometer müssen so bei rauer See geschafft werden. Nervenaufreibend, aber doch ein großer Spaß.*

erlauben. Ein alter Fischer am Strand hat da mehr Autorität: »Klar könnt ihr hier schlafen. Warum denn auch nicht? Vielleicht müsst ihr morgen auch noch hier bleiben. Der Jugo frischt auf.«

Das Wort Jugo möchte man auf einer Paddeltour an Kroatiens Küsten lieber nicht hören. Besonders nicht aus dem Mund eines Fischers. Der Jugo, in anderen Ländern auch als Scirocco bekannt, ist einer der vielen Adria-Winde. Als feuchter Bote fegt er aus südlicher Richtung vom Meer zum Land, wühlt die See auf und bringt sie zum Schäumen. In unserem Kartenbuch für Segler, eine der besten Infoquellen auch für Seekajaktouren, lesen wir vor dem Einschlafen in Podobuče noch einmal das Kapitel über den Jugo. Alle Symptome stimmen tatsächlich: die Windrichtung, die Wolken und Temperatur und das Auffrischen des Sturms im Laufe des Tages. »Drei Tage dauert das Spektakel wenigstens«, fasst es Jens zusammen. »Wollen wir hoffen, dass der Fischer sich geirrt hat, sonst wird es eng mit der Zeit.«

Das Tosen der an unseren Strand schlagenden Wellen, das über Nacht zu einem Donnern heranwächst, und der Blick aus dem Zelt am nächsten Morgen belehren uns eines Besseren.

▲ Wildes Zelten ist in Kroatien eigentlich verboten – lässt sich beim Paddeln aber auch nicht immer vermeiden.

▲▶ Zwischenstopp in Orebić: noch einmal frische Lebensmittel und Trinkwasser bunkern, bevor es in Richtung Dubrovnik weitergeht.

◀ Der Jugo ist da und macht ein Auslaufen aus dem Naturhafen von Podobuče für einen Tag unmöglich.

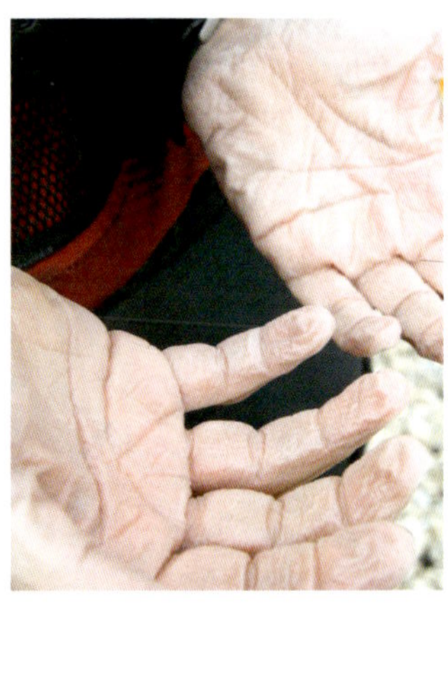

◀ Hände und Füße werden auf einer Kajaktour mal sanft, mal rau beansprucht.

Lovište
Trpanj
Orebić
Kroatien
Korčula
Podobuče
Drace
Trstenik
KORČULA
Lumbarda
Brijesta
Zuljana
Bosnien-
Herzegowina
PELJEŠAC
Ston
Prapratno
Adriatisches
Stonski K.
Meer
MLJET
JAKLJAN
Zaton
N
ŠIPAN
0
7,5 km
Kroatien
LOPUD
KOLOCEP
Dubrovnik

»Ich glaube, heute müssen wir an Land bleiben«, weckt mich Jens.
Im Hafen klatschen die Wellen schon über die kleine Mole und weiter draußen krönen Schaumkronen eine satte Dünung. Die Insel Mljet, die im Süden wie ein großer Wellenbrecher gut zehn Kilometer vor der Küste liegt, ist im Dunst kaum noch zu erkennen.
Der Tag an Land verläuft – zwangsläufig – extrem entspannt. Viel können wir nicht tun: lesen, die Karte studieren, essen, lesen, knabbern, essen, und von Zeit zu Zeit zur kleinen Klippe am Hafentor schlendern, einen Blick aufs Meer und die Wolken werfen und fachsimpeln, wie es wohl morgen aussehen könnte.

Es vergehen fünf Tage, in denen der Jugo fast unvermindert sein Spiel mit uns treibt. Fünf Tage, in denen sich die viel zitierte und fotografierte spiegelglatte, türkisgrüne See Kroatiens in einen brodelnden Hexenkessel verwandelt hat. Ich lese ein 700 Seiten dickes Buch, leider mein einziges. Zweimal, unterbrochen von einer weiteren Zwangspause, reden wir uns ein, dass der Wind über Nacht etwas nachgelassen hat und die Wellen etwas schwächer wirken und paddeln, genervt von der Tatenlosigkeit, drauflos. Am Fuße einer scharfkantigen Steilküste entlang, gegen die Elemente. Sturm von schräg vorn und Wellen aus allen Richtungen, die über unseren Kajaks zu Gischt werden, uns wie zwei Korken tanzen lassen. In fünf Stunden paddeln wir 12 Kilometer, das Gesicht schnell salzverkrustet. Kaum eine Pause, um nicht zurückzutreiben. Aussteigen unmöglich, der Tee vom Morgen endet drei Stunden später in einer Plastikflasche.
Doch dann, am vorletzten Tag der Tour, im Morgengrauen der erste Blick aus dem Zelt: Purpurn der Himmel, glatt das Wasser in der Bucht von Prapratno, ein Fischerboot spiegelt sich darin. Keine Stunde später paddeln wir in Richtung aufgehende Sonne, die Kajaks gleiten über Grau, Blau, später ein wenig Türkis. Ganz sanft heute. Mittags, Pelješac liegt hinter uns, zwischen den Elafiti-Inseln dann ein Schnorchelgang. Fische ziehen vor der Brille vorbei, die Sonnenstrahlen werfen eine funkelnde Decke auf die Felsen unter Wasser. Ich tauche auf und treibe auf dem Rücken liegend ein kleines Stück mit der durch die Inseln pressenden Strömung. Ich blinzle der Sonne und dem blauen Himmel entgegen. Und denke: »Na bitte. Geht doch. Auch im Herbst.«

▸ *Auf 130 Kilometern Fahrt gibt es nur eine Handvoll Ortschaften. Zumeist bleibt die Küste einsam und wild.*

▸ *Das Wasser im Nationalpark ist so, wie man es sich in den Wochen vor der Anreise erträumt. Türkisgrün, glasklar und badewannenwarm.*

Kalkleisten unter Palmen

Ko Tarutao Marine National Park – Thailand

Im Südwesten Thailands liegen in der Andamanensee paradiesisch schöne Inseln. Über wie unter Wasser gibt es dort viel zu entdecken – am besten per Faltboot, mit Taucherbrille und Schnorchel.

Die Schwüle umhüllt uns wie ein nasses Handtuch. Noch nicht einmal einen Tag ist es her, dass wir uns durch Schneetreiben nach Frankfurt kämpften. Und nun arbeitet mein alter Freund Jens mit aller Kraft daran, unseren Sonnencreme-Vorrat zu vernichten, noch ehe wir den ersten Paddelschlag gesetzt haben. Wir stehen vor dem Flughafen in Trang, einer 50 000-Einwohner-Stadt im Süden Thailands, nur 100 Kilometer entfernt von der malaiischen Grenze. Ein paar Palmen auf dem leeren Parkplatz wecken Sehnsucht, ansonsten ist es ziemlich trostlos hier. Nur zwei Maschinen landen täglich in Trang, um elf Uhr ist schon wieder Feierabend am Flughafen. Unsere Mission: Warten auf den Minibus in den Fischerhafen Pakbara. Von dort wird uns eine Fähre zur Insel Ko Lipe schippern, dem Tor zum Taratuo-Archipel und zu einer gut einwöchigen Paddel-Robinsonade einmal rund um die 16 Butang-Inseln, Schnorcheln inklusive. »Taratuo bedeutet geheimnisvoll«, behauptet Jens, der seinen Lehrerberuf nicht verleugnen kann. Und nimmt schon wieder eine Portion Creme. Den Thais scheint die stechende Hitze nichts auszumachen. »Bus coming soon«, sagt der Thai, der uns mit seinem Transfer-Angebot direkt am Kofferband abgefangen hatte, und lächelt. Merkt man uns die Ungeduld so deutlich an? Taratuo! Nach allem, was wir gelesen haben, muss Gott sehr beschwingt gewesen sein, als er diese Inselperlen vor der Westküste Thailands fallen ließ und sie mit einem türkisfarbenen Ozean voller farbenprächtiger Korallenriffe umgab, voller sanft gleitender Rochen und vergnügter Delfine. Na gut, und auch mit ein paar Haien. Ich spüre schon, wie das Faltboot an den Strand des Paradieses gleitet. Dieser charakteristische Ruck im Hintern, das Knirschen des Sandes ... »Der Bus kommt.« So ist er, mein Kumpel. Er weiß ganz genau, wann er mich am besten stört. Und zu viel Sonnencreme nimmt er auch.

Wir – und unser gigantischer Gepäckberg – sind die einzigen Fahrgäste an diesem Tag. Deshalb hat auch jeder einen Fensterplatz und kann das vorbeirauschende Thailand betrachten. Es ist grün links und rechts der Straße, Kautschukbaum-Plantagen prägen das Bild, in regelmäßigen Abständen kleine Holzhütten der Bauern. Spannend ist es, das Verkehrstreiben zu beobachten: Mopeds, wohin man schaut, stets mit zwei, drei oder gar vier Thais besetzt. Sie kurven zwischen Minibussen und Lkw umher, sorgen vor allem in Dörfern für unberechenbares Chaos. Doch wir erreichen Pakbara ohne nennenswerte Personenschäden und sind froh, als wir hören, dass die Fähre schon in einer halben Stunde ablegen soll.

Juwelen der Andamanischen See

Longtail-Boote heißen die schnittigen Einbaum-ähnlichen Wassergefährte mit einem langen hochgezogenen Steven und dem Pendant am Heck, der lärmenden Schraube am Ende einer ausladenden Lenkstange. Im ganzen Land werden sie als Transportmittel für Mensch und Waren sowie zum Fischen genutzt. Eines davon bringt uns durch das für die Fähre unpassierbare Flachwasser vor Ko Lipe. Der Steuermann steht aufrecht im Heck, seine Hautfarbe, dunkler als die der Thais, weist ihn als Chao Le aus, als Seezigeuner, ein ursprünglich aus Indonesien stammendes Volk mit eigener Sprache und

Religion. Um politischen Tumulten zu entfliehen, stachen sie vor über 300 Jahren in See und fanden erst Anfang des 20. Jahrhunderts auf Ko Lipe und der Nachbarinsel Ko Adang eine neue Heimat. Die meisten anderen Inseln sind unbewohnt, einsame Juwelen in der schillernden Andamanischen See, bedeckt mit undurchdringlichem Regenwald, in dessen Innerem mitunter Wasserfälle prasseln sollen. Das Fantastische: An den Stränden darf man zelten. Dafür werden wir Proviant für neun Tage durchs Paradies spazieren fahren, plus Trinksäcke mit insgesamt 80 Litern Inhalt. Die Boote werden anfangs schwer im Wasser liegen, und wir hoffen, dass die Monsunstürme wirklich erst im Mai einsetzen und nicht doch aus Versehen schon jetzt im März. Der häufigste Nachname bei den Chao Le ist Hantale, was so viel bedeutet wie »keine Angst vor dem Ozean.« – »Das klingt schon um einiges beeindruckender als Müller«, meint Jens.

Strohbungalows zeichnen sich unter den großen Palmen von Ko Lipe ab, und die Andeutungen des Chao-Le-Dorfes mit seinen 500 Einwohnern. Mit einem Handkarren zerren wir die beiden Faltboote und sechs weitere Gepäckstücke über den Strand zu unserem angemieteten Bungalow. Dann gehen wir noch schnell einkaufen; wir brauchen Benzin, Toilettenpapier und ein paar Leckereien für die Tour. Den kleinen Laden finden wir schnell, ziehen, wie es sich gehört, unsere Sandalen vor der Tür aus und suchen im bunten Angebot unsere Dinge zusammen.

»Do you have fuel?«, frage ich die Ladenbesitzerin hoffnungsvoll. Sie schaut mich fragend an und zuckt mit den Schultern. »Fuul?« Benzin – ein wichtiges Wort, das unserem Thai-Vokabular fehlt. Dann finden wir doch noch eine Flasche. Was aussah wie frisch abgefüllter Himbeersirup riecht ziemlich ideal für unseren Benzinkocher.

In einem der Strohbungalows verbringen wir eine unruhige Nacht. In Unterhose liegen wir auf unseren dünnen Schlafsäcken, warten auf das Sandmännchen und schwitzen.

Jens wühlt im Gepäck. »Was machst du da?« – »Lege schon mal die Sonnencreme bereit.«

▲ *Ein herannahendes Gewitter hat das Licht kurz vor Sonnenuntergang giftgelb gefärbt. Bei Temperaturen um 30 °C, tags wie nachts, stört etwas Regen aber kaum.*

▸▸ *In Ufernähe zeichnen sich die Schatten der Boote auf dem hellen Sandgrund ab. Wenn die See still ist, wirkt das, als würde man schweben.*

Ein Bad wie im Mutterleib

Das Geräusch der an der Bungalowwand entlangstreifenden Palmenblätter weckt uns. Durch die Ritzen unserer Behausung fällt freundliches Licht. Die Butang-Inseln liegen auf halbem Weg zwischen dem Wendekreis des Krebses und dem Äquator. Um halb sieben geht hier die Sonne auf, und sie nimmt schnurstracks den kürzesten Weg zum höchsten Punkt am Himmel. Eine Gnadenfrist, wie man sie von Mitteleuropäischen Sommermorgen kennt, gibt es nicht: Es wird sofort losgesengt. »Sag mal, Jens, ich rieche noch gar keinen Kaffee.« – »Dann mach doch welchen«, dringt es dumpf aus dem Wesen neben mir.

Als wir um die Mittagszeit über unseren halb zusammengebauten Faltbooten stehen, fallen die Schatten schon verdammt kurz aus. Ein paar Wochen später würde es überhaupt keinen mehr geben, denn dann erreicht die Sonne den Zenit und steht genau senkrecht zum Beobachter.

Zu lange benötigen wir für die Faltboote und das Verstauen

des Gepäcks. So kommt es, dass wir erst nachmittags nach Ko Adang aufbrechen. Zum Glück liegen die Butang-Inseln alle nah beieinander, zwei, drei Kilometer – weiter hat man es nie. Auf dem Meer scheint die Zeit aufgehoben, es gibt nur den Moment, das stetige Eintauchen des Paddels, das Innehalten und Schweben auf dem glasklaren Wasser. Auf diesem Ozean unterwegs zu sein, den Horizont im Blick wie ein Chao Le, das hat etwas. Und plötzlich fällt der Vorhang und es wird dunkel: In den Tropen geht das blitzschnell. Als sich die Buge in den Sand bohren, dräuen Wolken über uns, das letzte Licht ist sonderbar gelb. »Was meinst du, wird das ein Sturm?« – »Kann schon sein«, sagt Jens. »Aber nichts in der Welt wird mich davon abhalten, jetzt in dieses Wasser zu springen. Jihaaa!« Auf dem Rücken treibend lassen wir uns von der sanften Brandung hin und her wiegen. Das Wasser ist kaum kühler als die Luft – Badewannentemperatur. Schöner kann

▲ *Kurz ist die Dämmerung und schnell kommt die Nacht. Das Abendessen gibt's fast immer im Schein der Stirnlampen.*

▶ *Aufbau der Boote vor dem Start auf der Insel Ko Lipe. Jeder Schattenflecken ist willkommen.*

es auch im Mutterleib nicht gewesen sein. Und mit einem Mal sind alle Mühen der Anreise vergessen.

Tropischer Regen im Zelt

Kein Sturm – Regen. Um halb fünf morgens fällt er uns, kaum gebremst durch das Moskitonetz unseres Innenzelts, in dicken Tropfen ins Gesicht. Auf das Außenzelt hatten wir verzichtet, denn das Meer wirkte im Schein unserer Stirnlampen friedlich, die Palmen bewegten sich kaum. »Jens?« Jens schläft. »Komm, schnell, es regnet, wir müssen das Außenzelt aufspannen.« Selbst als er endlich mit anpackt, scheint er noch nicht ganz wach zu sein. Das Geprassel tropischer Riesenregentropfen trägt uns zurück ins Traumreich.
Unser Frühstücksgespräch dreht sich um Fische. Beziehungsweise um ihr bisher nur vereinzeltes Auftauchen. »Der ganze Nationalpark hier wurde doch wegen der Fische eingerichtet. Also wo sind sie jetzt, die Nemos?« Jens kaut auf seinem Müsli mit frischen Früchten herum. »Ich habe gelesen, dass ein Geschäftsmann die Chao Le vor einigen Jahren zum Dynamitfischen angeheuert hat und schon viele Riffe zerstört sind. Aber lass es uns doch mal auf Ko Bitsi versuchen.« Ko Bitsi also.
Der Wind frischt auf und bläst uns ins Gesicht. Die Strömung ist mit ihm und so artet die Paddelei heute in harte Arbeit aus. Vereinzelt schlagen schon Wellen über unseren Decks zusammen.»Wollen wir nicht lieber die Spritzdecken aufziehen?«, rufe ich zu Jens hinüber. »Wieso denn, ist doch schön erfrischend. Solange die Wellen nicht größer werden.«
Wir erreichen die Insel an ihrer felsigen, direkt aus dem Wasser steil ansteigenden, Südspitze. »Links oder rechts?«, ruft Jens. »Links schimmert ganz hinten etwas Helles, das sieht mir nach Strand aus.« Und es stimmt. Es handelt sich sogar um

mehrere Strände. Leider erweisen sie sich als entweder zu klein, zu schmal oder zu steil zum Anlanden. Also paddeln wir weiter, vorbei an schroffen, haushohen Felsblöcken, an denen sich die Wellen brechen. Als wir fast wieder an der Südspitze anlangen, entdecken wir ihn doch noch, unseren Strand: lang und sanft geschwungen und mit einer etwa zehn Meter hohen, kantigen Felswand am oberen Ende. Sie wird uns morgens Schatten spenden. Perfekt. Jens deutet nach oben. »Schau mal«, sagt er. Ein mächtiger Fischadler beäugt unser Landemanöver. Und wo ein Fischadler lebt, da müssten doch eigentlich auch ... Fische! Fische, Fische, Fische! Jetzt schnell die Boote an Land gebracht und die Taucherbrille übergezogen. Es ist, als würde man durch ein besonders schönes Aquarium schwimmen: Korallen, bunt schimmernd, Muscheln aller Formen und Größen, Anemonen, Seesterne und -igel, Quallen, Krebse und Fische. Fische, Fische, Fische. Einzelgänger und große Schwärme. Wir entdecken zwei Seenadeln, die so lange regungslos dastehen, bis wir zu nah kommen, dann zucken sie kurz und kaum sichtbar und schweben schon ein paar Meter

▸ *Jede der 16 Inseln der Butang-Gruppe ist anders: Mal bis ans Wasser von tropischem Wald bedeckt, mal von schroffen Felsen gesäumt oder von rund geschliffenen Felsblöcken verziert.*

◂ *Für ein erfrischendes Bad wird jede Möglichkeit genutzt. Oft gleich samt Shirt, um die Kühlung des verdunstenden Wassers auch die nächste halbe Stunde im Boot noch zu spüren.*

▲ *Der Berg der Ausrüstung ist groß: Boote, Zelt, Isomatten, Kochutensilien und Fotoausrüstung, dazu eine Menge Lebensmittel. Letzte Dinge werden im Dorfladen auf Ko Lipe besorgt.*

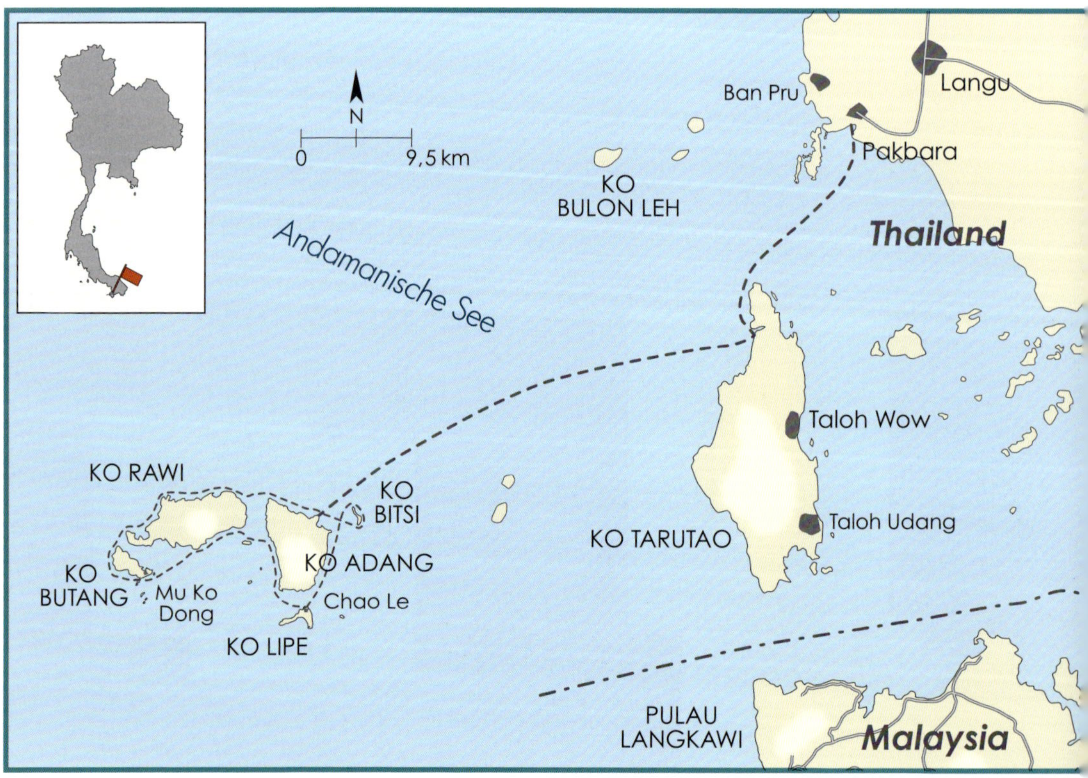

weiter still wie zuvor. Leuchtende Junker umkreisen uns neugierig. Sie leuchten grün und blau und flackern bunt, wenn sie sich bewegen. Schwärme von Papageifischen lassen sich in der Strömung treiben, Anemonen-, Kaiser- und Doktorfische ein paar Meter weiter. Und Nemo. Nemo ist auch da. Die nach dem Filmhit mittlerweile so berühmten orange-weißen Clownfische halten sich in den wabernden Armen von Anemonen versteckt und schauen nur von Zeit zu Zeit daraus hervor. Und doch sind gerade sie besonders neugierig und furchtlos. Immer wieder hole ich tief Luft und schwimme hinunter zu bewohnten Anemonen. Wenn man sich dort einen Moment ruhig verhält, kommt meist ein kleiner Clownfisch hervor und schwimmt bis auf wenige Zentimeter an die Tauchmaske heran. Er schaut, ich schaue, so lange, bis meine Luft aufgebraucht ist und ich mich regen muss. Ich entschwinde nach oben und Nemo macht sich davon, so schnell, wie er aus seiner Anemone herausgeschwommen war.
Abends spüren wir die Runde um Ko Bitsi in den Armen. »Fünf Kilometer Umweg«, stöhnt Jens. »Das nächste Mal bestimme ich, ob wir links oder rechts fahren.« – »Meinetwegen«, sage ich. »Aber nur, wenn du jetzt mal hübsch die Sonnencreme rausrückst.«

▲▲ Der Blick von unten: Vorsichtig geht die Fahrt über ein Korallenriff.

▲ Einsiedlerkrebse mögen Paddler. Sobald es dunkel wird und am Zelt ein Licht leuchtet, nähern sich die Tiere von allen Seiten.

▸ *Eine Kajaktour in den Schären, wie sie sein soll: abends im Schein der nordischen Sonne lange lesen und dann und wann ein Bad nehmen, um abzukühlen.*

Nordisches Inselhopping

Stockholms Schären – Schweden

Von den schwedischen Schären hat jeder Paddler schon einmal gehört, vielleicht auch geträumt: Tausende von Inseln, die meisten unbewohnt, bieten ein abwechslungsreiches Revier, das Schutz vor Wind und Wellen und viele traumhafte Zeltplätze garantiert. Jeden Abend eine andere einsame Insel für sich besetzen – wo kann man das sonst noch? Und wem danach ist, der kann seine Tour in der Innenstadt von Stockholm beginnen.

Am Himmel ballen sich bedrohliche schwarzgraue Wolkenberge. Der Blick nach unten zeigt dunkles, zerwühltes Wasser. Eine Handvoll Inseln erhebt sich, kaum mehr als Buckel aus Granit, zaghaft bewachsen nur. Zwei orangefarbene Punkte leuchten von einer Felsterrasse, zwei Zelte sind es, daneben liegen drei schlanke Seekajaks, eines gelb, eines rot, eines orange. Blitze sorgen im Minutentakt für grelles Licht, Donner grollt im Einklang. Dann schaut die Möwe nach Westen: Mehr Inseln gibt es dort, einen Großteil der 24 000, die den Stockholmer Schärengarten ausmachen. »Vielleicht auch ohne Paddler«, denkt sich der Vogel noch und lässt sich von der nächsten Windböe mitnehmen.

Es ist sechs Uhr in der Früh und laut im Zelt, ein Gewitter hängt direkt über uns. Durch ein kleines Fenster sehen wir draußen Möwen vorbeifliegen und wundern uns, dass sie jetzt nicht am Boden Schutz gesucht haben. Regen hämmert ohne Unterlass auf die dünne Nylonhaut, als wolle er den Fremdkörper hier draußen niederringen. Als Verbündeter rüttelt der Wind geräuschvoll an unserer kleinen Behausung. Zwei Meter entfernt schwappt die Ostsee ans Ufer. Kein perfekter Zeltplatz, aber als wir am Vorabend nach einer zehn Kilometer langen Querung von den letzten Inseln im Westen die Gruppe der Stora-Nassa-Schären erreichten, war die Auswahl nicht gerade üppig gewesen. Alle Inseln ringsum hatten uns abblitzen lassen. Immerhin, als der Regen mit dem Einbruch der Dunkelheit über uns kam, hatten wir uns schon in die Schlafsäcke verkrochen.

Unser Eiland – wie die meisten der Stockholmer Schären – ist unbewohnt. Zwei, drei Inseln weiter stehen ein paar Ferienhäuser, doch Ende August sind sie schon wieder verlassen. Die dauerhaft bewohnten Inseln liegen näher am Festland: Möja zum Beispiel mit dem Ort Berg, an dem wir vor zwei Tagen vorbeigepaddelt sind. 280 Menschen leben dort, im Sommer sind es erheblich mehr. Linienboote aus Stockholm fahren die große Insel täglich an. Die Stadt ist eng verbunden mit den Schären, sie sind der große Stolz ihrer Bewohner. Schon um 1850 kam man mit Dampfern heraus, um an schönen Sommertagen ein Bad in der Ostsee zu nehmen. Noch heute legen die Boote nur 300 Meter entfernt vom Königspalast ab.
Insgesamt leben nur 7000 Menschen das ganze Jahr über in diesem Gebiet, das im Sommer einem Paradies gleicht, entsprungen einem skandinavischen Traum von warmer Luft, auf der Haut trocknendem Salzwasser, summenden Hummeln, Gänseblümchen, roten Holzhäuschen, glucksenden Ostseewellen und ein bisschen »Ferien auf Saltkrokan«. Im Winter, wenn Wind und Schnee und Eis kommen, ist es oft ungemütlich hier draußen; doch im Sommer, wenn die Sonne fast nicht mehr untergeht, weht ein Hauch von unendlichen Ferien durch die Schären.

Lettmann

Wasser im Zelt

In der nächsten Regenpause rufe ich zum Nachbarzelt hinüber, in dem mein Vater Wilfried liegt. Vielleicht verflucht er schon, dass er sich dafür entschieden hat, Katrin und mich auf unserer Tour zu begleiten. »Bei mir läuft Wasser ins Zelt. Ich liege in einer kleinen Senke«, tönt er zu uns herüber. Das hört sich nicht gut an. »Zum Glück ist meine Isomatte dick genug.« Vielleicht ist doch nicht alles schlecht.

Bis zum Nachmittag harren wir in den Zelten aus, dann erst wirkt der Himmel wieder so entspannt, dass wir uns entscheiden, noch weiter zu paddeln, eine andere Insel zu suchen, vielleicht mit einem besseren Zeltplatz. Es gefällt uns gut inmitten dieses Konglomerats aus Schären jeglicher Form und Größe, besser noch als die letzten Tage, wo das Land oft von dichtem Wald bedeckt war. Hier draußen können die Augen wandern und Details entdecken, wo bisher grünbraune Wände wuchsen. Auf grauem Fels, der uns mit ungeahnten Schattierungen dieses Farbtons verwirrt, leuchten Flechten und blühendes Heidekraut neben Heidelbeergestrüpp. Hier und da steht eine magere Birke, die den Blick auf sich zieht. Die Sonne kommt und geht doch wenig später wieder, verjagt von einer Wolkenwand, die sich plötzlich aus dem Nichts aufgebaut hat und wenig Gutes verspricht. Im Kajak zu sitzen, wenn es nass wird von oben, ist allerdings halb so schlimm: mit Paddeljacke, Kapuze oder Regenhut und einer Spritzdecke um die Hüfte bleibt es lange trocken und warm. Es ist schön, die Regentropfen zu beobachten wie sie aufs Meer fallen und dabei mal effektvoll zerschellen oder auch wieder auftauchen wie der letzte Kaffee-Tropfen aus der Melitta-Werbung. Zu hören, wie dabei mal ein heller, surrender Laut entsteht und mal nur ein fettes Prasseln. Es macht Spaß, die Rinnsale unbehelligt zu lassen, die sich ihren Weg vom Haaransatz über die Stirn und den Nasenrücken hinab suchen und sich erst spät entscheiden, welche Gesichtshälfte ihnen mehr zusagt. Und als dann noch ein Regenbogen der See entsteigt und an weit entfernter Stelle in satten Farben wieder darin versinkt, um wenig später der schon wieder strahlenden Sonne Platz zu machen, ist das schlechte Wetter schnell vergessen.

▲ *Schnelle Wetterwechsel sorgen nicht nur für viel Regen und strahlende Sonne, sondern auch für dramatische Wolkenformationen.*

Der größte Archipel der Welt

Der Stockholmer Schärengarten ist Teil des größten Archipels der Welt. Seine Inseln liegen munter verstreut, dehnen sich über eine Fläche von 140 Kilometern von Nord nach Süd und etwa der halben Breite von West nach Ost aus. Ihren Anschluss finden sie in den finnischen Schären und den Ålandinseln, die sich unweit im Westen anschließen und die Ostsee aus der Luft erscheinen lassen wie einen Negativabdruck der finnischen Seenlandschaft – wo sich dort ein Mosaik aus Wasserflächen erstreckt, blau auf grüngrauem Grund, gibt es im Meer die Inseln grau auf blau. Fast so, als hätte ein Riese an Land die Gruben für die Seen geschaufelt und das Erdreich zu kleinen, flachen Fladen geformt, die er dann ins Meer schleuderte.

▸▸ *Je weiter die Schären vom Festland entfernt liegen, desto einsamer und wilder wird es. Hier und da ein Ferienhaus oder eine Segelyacht, ansonsten ist man allein unterwegs.*

Wir finden einen neuen Zeltplatz, aber Stora Nassa macht es uns nicht leicht. Zum einen sind viele Inseln nur schwer zugänglich, zum anderen scheint zu jeder hübschen Bucht auch ein kleines Segelboot zu gehören, das romantisch im

kabbeligen Wasser schaukelt. Man merkt, dass das Gebiet auch bei Seglern sehr beliebt ist. Wo es für Paddler am schönsten ist in den Schären vor Stockholm und wo die vielen schönen Inseln mit ihren grandiosen Zeltplätzen liegen – nach dieser Information hatten wir lange gesucht. Ich telefonierte mit Claes Grundsten und Hans Strand, zwei der besten Naturfotografen Schwedens, von denen einer sogar in den Schären lebt, beide konnten keine eindeutige Antwort geben. Auch Paul Rosenquist von der Stockholmer Kajakschmiede »65° North« wusste keinen wirklichen Rat. »Och. Schön ist es eigentlich überall. Da könnt ihr paddeln, wo ihr wollt.« Einerseits eine beruhigende Aussage, andererseits braucht man ja doch ein Ziel, und am liebsten natürlich das schönste von allen. Immerhin, Claes Grundsten nannte einen Namen: »Gillöga. Eine

▲ *Wo die inneren Schären oft noch dicht bewaldet sind, wachsen auf den äußeren Inseln viel Heide, Gräser und Flechten.*

▶ *Der Ort Berg auf der Insel Möja ist der größte im Schärenbereich nordöstlich von Sollenkroka. Vom Zentrum Stockholms gelangt man mit einem Fährboot bis hierher.*

Inselgruppe in den äußersten Schären. Ganz weit draußen, aber unvergleichlich schön.« Wirklich ganz weit draußen, wie wir beim Kartenkauf in einer Buchhandlung am Stockholmer Bahnhof entdeckten. Möglicherweise zu weit bei den wechselnden Wetterbedingungen und angesichts unseres Zeitfensters von zehn Tagen.

Auch in Sollenkroka – einem kleinen Ort am Ende aller Straßen, in nordöstlicher Richtung eineinhalb Stunden vom Zentrum Stockholms entfernt –, wo diverse Paddler am Ende einer Tour anlegten, während wir noch damit beschäftigt waren, unsere Ausrüstung vor unserem Start zu verstauen, hörten wir immer wieder diesen Satz: »Schön ist es eigentlich überall.« Doch wir ließen uns den Mut nicht nehmen und stachen mit genug Proviant für zehn Tage in See. Bis zum Einbruch der Nacht war es nicht mehr lang, doch wir kannten nun immerhin einen Zeltplatz auf einer Insel ganz in der Nähe. Ein Paddler hatte sich erbarmt und war mit echten Fakten rübergerückt. Im Schein der Stirnlampen bauten wir an einem Waldrand unsere Zelte auf. Wilfried, Katrin und ich. Schnell hustete und fauchte der Benzinkocher sein altes Lied, und als zwischen den Inseln weiter draußen ein Kreuzfahrtschiff lichterfunkelnd in Richtung Stockholm vorbeizog, hatten wir unsere Portion Nudeln schon fast vertilgt. Satt und zufrieden machten wir uns über die Route und das Ziel keine Sorgen mehr. Spontan wollten wir jeden Morgen unsere Tagesetappe festlegen.

▸ Warten auf die Ruhe nach dem Sturm: kurz vor dem Start zur zehn Kilometer langen Überfahrt zu den Nassa-Schären.

◂ Zeitvertreib im Camp. Der Verlierer wäscht ab.

So ging es erst gen Osten, dann nach Norden, an Möja vorbei und schließlich über die kleine Inselgruppe Röskär zehn Kilometer hinaus nach Stora Nassa. Uns fehlt die Zeit für Gillöga, doch wir können erahnen, wie schön es dort draußen sein muss. Schon die zehn Kilometer hierher haben die Inseln völlig verwandelt. Wir werden wiederkommen, das ist sicher, und länger bleiben.

Nach zwei verregneten Nächten scheint sich eine Wetterbesserung anzukündigen, sodass wir unsere Boote am dritten Tag auf Stora Nassa schon kurz nach Sonnenaufgang beladen und die Rückfahrt zu den inneren Schären über Lilla Nassa, die kleine Schwester unserer Schärengruppe, antreten. Dass die Schweden ähnlich stolz auf ihren Archipel sind wie die Norweger auf ihre Fjorde, das können wir spätestens nach diesem Abstecher in die äußeren Schären zu gut verstehen.

»Schön ist es eigentlich überall«

Die Hitze pocht hinter den Schläfen und meine Haut dampft, als ich durch die angenehm kühle Luft hinter Katrin und Wilfried zum Steg sprinte. Dann der Absprung, die Flugphase und plötzlich der Schlag ins Gesicht und in die Magengegend, nur schön. Kaltes Wasser umspült meinen Körper, alles

▸▸ Einfahrt in die Inselwelt der Stora-Nassa-Schären, wo die Ferienhäuser im August schon verlassen sind und Paddler die Inseln nur mit einigen Seglern teilen müssen.

▸ *Die Sauna auf der Insel Ostholmen: nach einer Woche Paddeln und eingeschränkter Körperpflege ein wahr gewordener Traum.*

▸▸▴ *Zwischen Tausenden von Inseln hilft die sichere Navigation mit Karte, Kompass und GPS.*

▸▸▾ *Einkauf im schwimmenden Kiosk von Berg, gleich neben der schwimmenden Tankstelle. Am Anleger treffen sich Einheimische, Segler und Paddler.*

in und an mir zieht sich zusammen, die Luft bleibt für einen Moment weg. Es könnte uns nicht bessergehen. Die schönen äußeren Schären liegen zwar hinter uns und auch ein traumhafter Zeltplatz, auf dem in der letzten Nacht die Zelte hoch über dem Wasser auf einer Felsterrasse thronten. Aber der Regen hat sich verzogen, der Himmel ist wieder blau, und dann, als wir heute morgen beim Frühstück über der Karte brüteten, trauten wir alle drei unseren Augen nicht. »Was soll das kleine Symbol da bedeuten? Eine öffentliche Sauna? Niemals. Wir sind doch nicht in Finnland.«

Doch als ich wunderbar erfrischt aus dem Wasser steige, ist der Traum Realität. Ketzerische Gedanken schießen durch den Kopf, und ich schaue mich lieber noch einmal nach einem möglicherweise lauernden eifersüchtigen Finnen um, bevor ich ihnen Ausdruck verleihe: »Es kann keine schönere Sauna geben, als diese hier. Auch nicht in Finnland.« Auf der kleinen Insel Ostholmen liegt sie am Rande eines Waldstücks und nur wenige Meter von einem Steg entfernt, an den die Ostsee schwappt. Ein Frischwasserbrunnen ist nicht weit entfernt. Nach einer Woche eingeschränkter Körperpflege und vom Paddeln leicht verhärtetem Rücken kann man sich das nicht entgehen lassen.

Sauber, aber auch ein wenig schlapp, müssen wir noch zwei Stunden weiterpaddeln, Sollenkroka entgegen, wo wir spätestens morgen Abend anlegen wollen. Noch eine letzte Nacht auf einer Insel, eine letzte Nacht auf der Isomatte im Schlafsack, ein letztes Frühstück mit Müsli und Milchpulver. Lediglich vier Stunden noch paddeln wir am nächsten Tag zwischen Inseln hindurch, die dicht bewaldet sind und von roten Holzhäusern verziert. Wir überraschen zwei Rehe, als wir still um eine Landzunge kommen und beobachten, wie sie 50 Meter von einer Insel zur nächsten schwimmen.

In Sollenkroka ist alles beim Alten. Unser Auto ist noch da, das Fährboot aus Stockholm legt gerade an, und ein paar Paddler bereiten ihre Boote für eine Fahrt zwischen den Schären vor. Mit wissbegierigen Blicken nähern sich uns zwei Männer aus der Gruppe. »Hallo, ihr drei. Kennt ihr euch hier vielleicht aus? Wir kommen von der Westküste, sind heute morgen kurz entschlossen losgefahren, weil dort das Wetter so mies war. Wisst ihr, wo man hier am besten paddeln kann?« Natürlich geben wir herzlich gern Auskunft: »Och. Schön ist es eigentlich überall. Da könnt ihr paddeln, wo ihr wollt.«

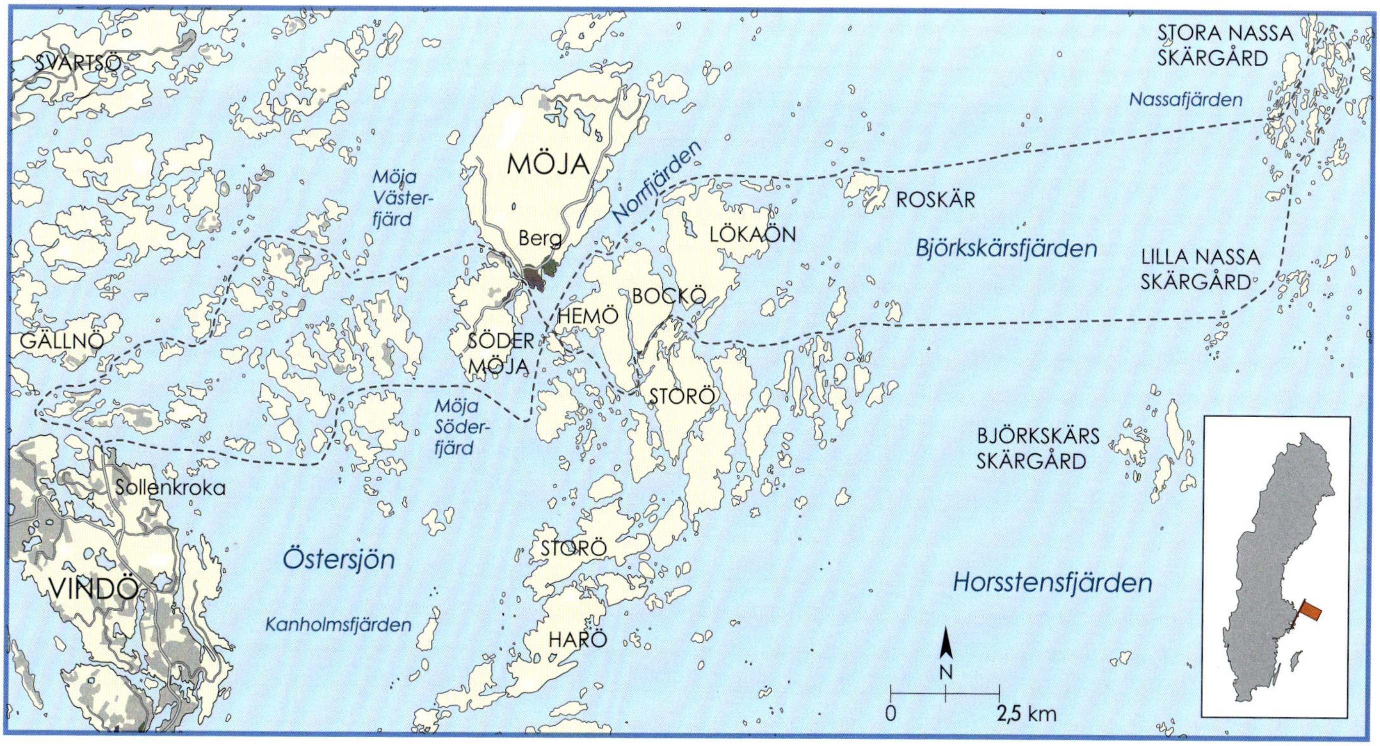
SVARTSÖ
MÖJA
Möja Västerfjärd
Norrfjärden
Berg
LÖKAÖN
ROSKÄR
Björkskärsfjärden
STORA NASSA SKÄRGÅRD
Nassafjärden
LILLA NASSA SKÄRGÅRD
GÄLLNÖ
HEMÖ
BOCKÖ
SÖDER MÖJA
STORÖ
Möja Söderfjärd
BJÖRKSKÄRS SKÄRGÅRD
Sollenkroka
Östersjön
STORÖ
VINDÖ
Kanholmsfjärden
HARÖ
Horsstensfjärden
N
0
2,5 km

▸ *Es war der holländische Seefahrer Abel Tasman, der Neuseeland entdeckte – an diesem faszinierenden Flecken im Nordwesten der Südinsel ging er zum ersten Mal an Land.*

Paddeln im Paradies

Abel Tasman National Park – Neuseeland

Der Nordwesten der neuseeländischen Südinsel wirkt für Paddler wie einem Traum entsprungen: 50 Kilometer Küstenlinie, an der von goldenem Sand gesäumte Buchten einander ablösen, getrennt nur durch einzelne Landzungen mit markanten Granitformationen. Dazu glasklares, türkis bis sattgrün schimmerndes Wasser und über 2000 Sonnenstunden im Jahr. Und wer Glück hat, paddelt hier neben Seehunden, Pinguinen und Delfinen.

Als wir unsere Kajaks am Strand von Kaiteriteri, knapp fünf Kilometer südlich des Abel Tasman Nationalparks, vom Autodach heben, sind wir nicht allein. Vielleicht 200 Leute warten auf ihre Ausflugsboote oder – wie wir – auf ein Wassertaxi. Die Küste ist das, was den Park ausmacht – türkisgrünes Wasser und unzählige Buchten mit hellgelben Sandstränden, in deren Rücken ein dichter Vegetationsteppich von Palmen, Baumfarnen und allerhand anderen sattgrünen Pflanzen sanfte Höhenzüge bedeckt – warum sollte man da nicht gleich übers Wasser kommen und dabei den Park so entdecken wie sein Namensgeber, der große holländische Seefahrer Abel Tasman. Man schrieb das Jahr 1642, als er als erster Europäer Neuseeland erreichte. Im Nordwesten der Südinsel, ganz in der Nähe von unserem kleinen Strand und all seinem Trubel, ging er vor Anker. Doch er blieb nicht lange: Nach einer Auseinandersetzung mit den Maori, die hier schon seit über 500 Jahren gelebt hatten, suchte er eilig das Weite. Vier seiner Männer hatten das Aufeinandertreffen nicht überlebt.

Bis europäische Siedler sich in der Gegend ansiedeln sollten, vergingen weitere 200 Jahre, doch sie kamen und nutzten das Land bald in vollen Zügen: Ganze Wälder wurden zu Schiffsplanken verarbeitet, was blieb, wurde gebrandrodet, um Ackerbau zu betreiben, man brach Granit aus Steinbrüchen. Es dauerte nicht lange, bis das einst so fruchtbare und unberührt erscheinende Gebiet nur noch einen traurigen Anblick bot und die Menschen selbst feststellten, dass es so nicht weitergehen konnte – man stellte einen Antrag auf die Schaffung eines Schutzgebietes. Und so kam es, dass 1942, genau 300 Jahre nach der Entdeckung durch Abel Tasman, der nach ihm benannte Nationalpark gegründet wurde und heute nicht mehr viel an die Zeit der Ausbeutung erinnert.

Faszination zu Wasser und zu Land

Der Abel Tasman National Park ist bekannt für seine paradiesische Schönheit und den – abgesehen vom etwas unwürdigen Motorboot – zweierlei Möglichkeiten, sie kennenzulernen: den 51 Kilometer langen Coast Track, der auf dem Landweg von Bucht zu Bucht führt und den besonderen Status eines »Great Walks« innehat, der die neun attraktivsten Wanderungen des Landes kennzeichnet. Und das Meer, das den Park per Seekajak erleben lässt. Während man auf dem Coast Track zwar mittendrin ist und Waldluft atmet, auch an sonnigen, heißen Tagen im Schatten wandert und die schönen Buchten ebenso erlebt wie Paddler, haben wir uns für den Seeweg entschieden. Denn nur im Boot entdeckt man auch die Schönheiten, die Fußgängern vorenthalten bleiben, Orte, an denen man auch mal allein ist. Wer wandert, muss zusammen mit anderen auf den Wegen bleiben, wer paddelt, kann in unzugänglichen Buchten oder an felsigen Landzungen anlanden und Robinson und Freitag spielen. Das ist mehr nach unserem

Geschmack. Es gibt zwar ein Permit-System, das die Anzahl der Wanderer auf dem Track reglementiert und auch dafür sorgt, dass man auf den Zeltplätzen oder in Hütten einen Platz bekommt, aber ganz allein ist man trotzdem nie.
Verleihboote, die man in der Umgebung bei verschiedenen Anbietern bekommt, haben einen Haken: Mit ihnen darf man nicht nördlich von Shag Harbour unterwegs sein. Zu rau soll dort das Meer sein, zu gefährlich für Novizen, denen man nur die südlichen zwei Drittel des rund 50 Kilometer langen Parks zutraut. Doch wir haben unsere eigenen Boote mitgebracht und arrangiert, dass uns ein Wassertaxi bis in die Whariwharangi Bay ganz im Norden des Parks bringt, von wo wir in fünf Tagen zurückpaddeln wollen nach Kaiteriteri.

Katrin und ich sind schon länger in Neuseeland unterwegs, sechs Wochen bleiben wir insgesamt, um viel zu wandern, aber eben auch zu paddeln. Von einem Freund auf der Nordinsel hatten wir zwei Kajaks geliehen und sie einige Hundert Kilometer auf dem Autodach spazierengefahren. Nun ist es endlich an der Zeit, sie zu Wasser zu lassen. Wir freuen uns schon lange auf diesen Moment.

Aus Deutschland auf eigene Faust eine Kajaktour am anderen Ende der Welt zu planen, ist nicht ganz einfach, auch oder vielleicht gerade wegen der vielen Möglichkeiten, die das Internet bietet. So haben wir uns für diese erste Fahrt zwar einen der beliebtesten Parks Neuseelands ausgesucht, aber eben auch einen, in dem die Logistik für jede Art von Abenteuer perfekt ist. So setzen die Wassertaxis nicht nur Wanderer an jedem beliebigen Strand im Park ab oder transportieren sein Gepäck von Etappe zu Etappe, sondern haben auch kein Problem, das Gleiche mit zwei fünf Meter langen Seekajaks zu tun. Und ein paar nützliche Tipps gibt uns Spencer, der Kapitän unseres kleinen Powerboots, unterwegs gleich noch mit auf den Weg. Zum Beispiel zu den Gezeiten im Park: »In ganz Neuseeland gibt es keinen Ort, an dem der Unterschied zwischen Ebbe und Flut größer wäre«, erzählt er uns beim Ausladen. »Passt also auf, dass ihr die Boote hoch genug legt, wenn ihr gleich noch einen Spaziergang macht. Sonst sind sie nachher unter Umständen verschwunden.«
Wir gehen zwar nur kurz zur nahen Wanderhütte, die in einem alten Farmhaus untergebracht ist und heute sogar über den Komfort einer Dusche verfügt, aber es ist tatsächlich

◂ *Auch wenn die Wassertemperaturen nicht unbedingt einladend sind – beim Anblick des türkisgrünen Wassers will man einfach schwimmen. Zumindest kurz.*

▴ *Kormorane genießen den Fischreichtum im Nationalpark. Weit leuchten ihre Stammplätze: Vogelkot hat die Felsen weiß getüncht.*

beeindruckend, wie hoch das Wasser schon in diesen 20 Minuten gestiegen ist. »Zwei Meter höher ist der Tidenhub im Abel Tasman als an sonst einem Ort auf den Inseln«, hatte Spencer gesagt. Dabei liegt das Meer so still vor uns, wirkt so friedlich. Da haben wir schon wesentlich wildere Küstenabschnitte auf unserer Reise erlebt, denen man diese Tide eher zutrauen würde.

Geschrei am Separation Point

Dann endlich, nach einem kurzen, erfrischenden Bad, schieben wir die Boote ins Wasser und machen die ersten Paddelschläge. Das Land bleibt hinter uns zurück, wir nehmen Kurs auf den Separation Point.

Eine leichte Brise kühlt uns das Gesicht, es gluckst beruhigend, wenn wir die Paddel durchs Wasser ziehen und sich feine Strudel bilden, die in Richtung Heck davonschwimmen. Kaum zu glauben, dass Verleihboote hier nicht unterwegs sein dürfen – die Meeresoberfläche gleicht heute einem Ententeich. Doch wir wollen uns nicht beschweren, sind wir doch vor allem deshalb ganz allein unterwegs. So weit das Auge reicht

▸▸ *Das Highlight des Parks, das nicht im Park liegt: Knapp südlich der Nationalparkgrenze geht es am Split Apple Rock vorbei, der prominent auf einem Haufen Steinen thront und auch von jeder Bootstour besucht wird.*

keine anderen Paddler, nicht einmal Wassertaxis oder Ausflugsboote.
Doch plötzlich vernehmen wir Geschrei, fürchterliches Geschrei, von der Landspitze des Separation Points, der weit ins Meer ragt und den Blick auf die nach Süden verlaufende Küste des Parks noch einschränkt. Kehliges Gebrüll, hohe Schreie, Röcheln, Jammern, Quengeln. Zu sehen ist nichts. Ein einsamer Wanderer oben auf einer Klippe hoch über dem Meer, aber der kann es nicht sein. Doch dann, als wir uns dem Ufer weiter genähert haben, entdecken wir die Ursache des Lärms: eine Seehundkolonie unterhalb der Felsen. Viele junge Tiere liegen auf den Steinen, andere spielen in einem geschützten Pool. Wer Hunger hat, quäkt nach seiner Mama. Gut zwei Monate alt sind die Seehundbabys jetzt, werden

▲ *Oder doch eine geteilte Kugel Mozzarella auf einem Haufen Kirschtomaten? Ein paar Mal muss man den Split Apple Rock schon umrunden: Jede Seite ist anders schön, weckt neue Assoziationen.*

▸ *Eine Fahrt in den erwachenden Tag. Die Stunden zum Sonnenauf- und -untergang sind im Park die schönsten – auch weil so früh und spät kaum Wassertaxis unterwegs sind.*

langsam neugieriger und mutiger. »Wenn ihr Glück habt, dann kommen sie mal zu euch rübergeschwommen«, hatte uns Spencer erzählt. Wir hoffen und treiben still in ihrer Nähe, schauen fast 30 Minuten ihrem Spiel zu. Doch so richtig interessieren sich die Jungtiere nicht für uns. Die Mütter sind da schon mutiger, drei schwimmen zu uns herüber, drehen Pirouetten und betrachten uns mal von links, mal von rechts. Zwei Tiere schwimmen direkt unter meinem Boot hindurch, durch das glasklare Wasser zum Greifen nah.

Angriff der Sandflies

Vom Separation Point queren wir hinein in die Mutton Cove, passieren Anatakapau und paddeln durch einen Garten aus Inseln und Inselchen aus narbigem Fels, die am Fuße dichtgrüner Hänge im Wasser liegen. Unser erstes Camp, Anapai Bay, erreichen wir schon am Nachmittag. Sechs Zelte haben hier Platz, die strandnahen Stellen sind bereits vergriffen, und so richten wir uns in zweiter Reihe im Schatten ein.

Der Strand lädt zu einem Erkundungsspaziergang ein. Fein krümelt der Sand zwischen den Zehen, als wir auf der Suche nach schönen Muscheln und anderem Treibgut zum südlichen Ende der Bucht laufen, wo der Strand in Granitblöcke und dann in Wald übergeht.

Der zweite Tag beginnt nicht ganz so schön wie der letzte – es ist bewölkt, das Meer nicht mehr ganz so still. Außerdem

PRIMUS

◂ *Was kommt in den Topf? Für die Verpflegung hat man bei einer Fahrt im Abel Tasman selbst zu sorgen. Der Vorteil vom Kajak gegenüber dem Wandern auf dem Coast Track: Ein, zwei Flaschen Wein passen immer ins Gepäck.*

▴ *Thailändisch, Indisch oder Italienisch? Die Auswahl zum Abendessen ist groß.*

▴ *Im Schein der Gaslaterne finden die Gedanken des Tagses ihren Weg ins Tagebuch. Gut, wenn jetzt die lästigen Sandflies schon schlafen.*

haben wir am Vorabend ein feines Präsent erhalten: Unsere Beine und Knöchel zieren zahlreiche rote, juckende Punkte. Die Sandflies, denen ihr Ruf der Bösartigkeit und besonders intensiver Zusammenrottung an diesem Ort der Südinsel weit vorausgeeilt war, hatten uns für sich entdeckt. Beim Abendbrot am Strand waren auch Mückenmittel und dicke Socken nutzlos gewesen. So frühstücken wir im Zelt und beeilen uns dann besonders, aufs Wasser zu kommen.

Für den Nachmittag sei »Wind von bis zu 25 Knoten« angesagt, hatte uns ein Ranger heute morgen im Vorbeigehen erzählt. Nicht gut für die Fahrt um das große Headland zwischen Awaroa und Onetahuti, das etwa fünf Kilometer südlich von uns beginnt. Es ist felsig und rau und bietet keine Möglichkeit anzulanden, dazu gibt es bei aufkommendem Wind ganz sicher schnell große Wellen. Also versuchen wir, noch vor dem Mittag den Großteil der Etappe hinter uns zu bringen. Nach knapp zwei Stunden lassen wir den letzten Strand rechts zurück und beginnen die Fahrt um das kleine Kap. Wellen klatschen auf große Granitblöcke, es ist ein fantastischer Anblick, aber zu sehr müssen wir uns doch auf unsere eigene Fahrt konzentrieren. Dabei hätte ich gern Ausschau gehalten nach den Marmor- und Kalksteinfelsen, die es im Park hier und da ebenfalls geben soll.
Vom Nordende des Headlands, etwa acht Kilometer in südliche Richtung, ist nicht nur das Land Nationalpark, sondern auch das Meer ein Schutzgebiet. Im fast 2000 Hektar großen Tonga Island Marine Reserve werden seit 1993 in besonderem Maße alle Pflanzen und Tiere des Meeres geschützt – seine Außengrenzen liegen über eine Seemeile vor der Küste. Für Paddler wie das Meeresleben hat das nur Positives. Läge das Wasser ruhig da, würden wir bestimmt viele Seehunde oder auch Delfine entdecken können.

Oase der Stille

Eines der Highlights für Paddler im kleinsten Nationalpark Neuseelands ist Shag Harbour, eine nur bei Flut zugängliche Lagune, deren Eingang sich zwischen hohen Felsen verbirgt. Schon zwei Mal hatten wir fälschlicherweise aufs Land zugesteuert, doch erst beim dritten Mal sind wir richtig und werden mit einer Welle in die ruhige Bucht hineingespült. Auf einmal ist alles ganz still: kein Wind, keine Wellen, das Wasser bewegt sich kaum. Wie auf einem Fluss paddeln wir auf einem Meeresarm ins Land hinein. Die Boote scheinen zu schweben, man sieht ihren Schatten ein, zwei Meter tiefer über den sandigen Untergrund ziehen.
Der Name Shag Harbour rührt von den vielen Shag Birds her, den Kormoranen, die man überall im Park sieht – nur komischerweise hier gerade nicht. Die Vögel wiederum haben ihren Spitznamen nicht deshalb erhalten, weil sie sich so sehr um Nachwuchs bemühen (umgangssprachlich sagt man zum Vögeln auch »to shag«), sondern weil ihre Magenwände so eine raue Oberfläche haben wie »Shag«-Tabak; jener Tabak,

der weltweit in selbst gedrehten Zigaretten zum Einsatz kommt. Erst zurück auf dem unruhigen Meer sehen wir die Vögel wieder in regelmäßigen Abständen am Ufer hocken, ihre beliebtesten Steine weiß getüncht von ihrem Kot.

Am kommenden Morgen – die Nacht haben wir am Onetahuti Beach verbracht – nehmen wir Kurs auf Tonga Island. Die Insel, die dem Marine Reserve ihren Namen gegeben hat, gilt als Seehund-Paradies, viele hatten uns davon vorgeschwärmt. »Vielleicht springt euch sogar ein neugieriges Tier aufs Boot«, meinte Spencer von Kaiteriteri Kayaks, deren Firmenflyer mit genau solchen Bildern wirbt. An der Insel suchen wir uns eine große Gruppe von Seehunden und treiben gelassen vorbei. Und warten und warten und schauen und beobachten und warten – und nehmen schließlich zur Kenntnis, dass man sich entschlossen hat, uns zu ignorieren – einfach so.

▸ *Der Meeresboden im Park besteht in Küstennähe hauptsächlich aus Sand: eine natürliche Fortsetzung der oft blendend weißen Strände.*

◂ *Die schönsten Buchten im Abel Tasman sind nur über den Wasserweg erreichbar. Wo Wanderer das Nachsehen haben, freuen sich die Paddler.*

Lettmann

Ein gespaltener Apfel

Auch wenn er uns genauso ignoriert wie die Seehunde und genau genommen gar nicht mehr zum Park gehört, erleben wir am letzten Tag unserer Fahrt doch noch einen Höhepunkt hautnah: den Split Apple Rock. Als Paddler darf man ihn sich nicht entgehen lassen. Wenige Kilometer nördlich von Kaiteriteri sitzt der markante Fels auf einer winzigen Insel, kaum 200 Meter vom Ufer entfernt. Wie ein geteilter Apfel oder eine Kugel Mozzarella auf einem Haufen Kirschtomaten, von einem scharfen Messer getrennt und symmetrisch auseinandergefallen, thront er auf kleineren Steinen und lässt sich bereitwillig von allen Seiten fotografieren. Wir paddeln links herum und rechts herum, schießen Beweisfotos und können dann ganz beruhigt zum Strand zurückkehren, an dem vor fünf Tagen alles begonnen hat. Er liegt gleich um die Ecke.

▾ Der letzte Tag im Abel Tasman beginnt. Noch ist das Meer ruhig, zum Nachmittag sorgt Wind oft für eine unruhige See.

▸ Die Kajaks finden ihren Platz auf dem Mietwagen. Wer ohne eigenes Boot anreist, kann sich vor Ort leicht eines mieten.

◂ *Kaum eine andere Gegend in Neuseeland ist so von schönem Wetter gesegnet wie der Nordwesten der Südinsel. Im Abel Tasman National Park zählt man im Jahr durchschnittlich 2000 Sonnenstunden.*

▴ *Fundstück am Strand. Bei einem Spaziergang entdeckt man viele wunderbare Kleinigkeiten.*

▸ *Vergängliche Kunst: Ein gigantischer Bogen aus Eis ist in einer Bucht gestrandet. Eine Woche später, beim Blick aus der Luft auf dem Rückflug, ist nichts mehr von ihm übrig.*

Eisige Zeiten

Diskobucht – Grönland

Grönland. Blendend weiße Eisberge, in jeder Größe, in jeder Form. Viel Wasser, klare Luft, blauer Himmel, kühle, kurze und intensive Sommer. Und an der Westküste, etwa auf halber Strecke zwischen Nord- und Südspitze der größten Insel der Erde, die Diskobucht. Ein Traumziel für Küstenpaddler.

Das Lagerfeuer knistert. Flammen züngeln an Treibholzbrocken. Langsam werden Füße, Hände, Brust und Bauch wieder warm. Am Hintern weht ein nasser Wind vorbei, der Rücken ist kalt, trotz dicker Kunstfaserjacke. Das Thermometer zeigt 5,5 °C. Wolken streifen über das Wasser des Langesunds und haben die niedrigen Gipfel an beiden Ufern längst verschluckt. Auch den großen Eisberg, draußen im Sund, sieht man nicht mehr. Es ist schön hier. Wunderschön. Ein Sommertag in Grönland.

Es ist der erste Abend unserer Tour durch die Diskobucht im Westen Grönlands. Am Nachmittag waren mein Kumpel Jens und ich im nahen Aasiaat gestartet. Dort hatten wir ein paar öde Tage vergeblich auf die Auslieferung unserer Faltboote gewartet, die wir einen Monat zuvor von Hamburg aus verschifft hatten. Ein kaputter Containerkran in Nuuk, einen Hafen zuvor, hatte ihre Reise an Bord eines Frachters der Royal Arctic Line ein wenig verzögert.

Zwar wärmt das Lagerfeuer von vorn, doch erst ein heißer Tee sorgt für wirklich wohlige Wärme. Noch haben wir uns nicht an das feuchtkalte Klima gewöhnt, das die letzten Tage vorherrschte, dabei eigentlich recht untypisch ist für die Diskobucht. Im Sommer kennt man sie als »Haltestelle der Hochs«. Das bedeutet zwar keine hohen Temperaturen – auch im Juli liegen sie durchschnittlich nicht über 10 °C – aber normalerweise wenigstens blauen Himmel und Sonne. Dass die Temperaturen nicht weiter steigen, wundert kaum, wenn man sich daran erinnert, dass der Eispanzer, der Grönland zu 85 % bedeckt, in etwa der fünffachen Fläche Deutschlands entspricht und bis zu dreieinhalb Kilometer dick ist. Dass man da selbst am Lagerfeuer etwas fröstelt, ist wahrscheinlich normal.

Sechs Kilo Nudeln, fünf Kilo Müsli

Das zweite Mal die Boote beladen. Noch passen die wasserdichten Säcke mit Lebensmitteln, Kleidung, Zelt, Schlafsäcken und Isomatte auch mit viel Spucke und Geduld nur teilweise unter Deck, der Rest wird außen verschnürt. Doch Morgen für Morgen verbessern wir unsere Technik, Tag um Tag schrumpfen auch die Vorräte – sechs Kilo Nudeln, fünf Kilo Müsli, viel Milchpulver, und auch der große Berg an Schokolade wird immer kleiner – bis irgendwann die meisten schweren Sachen in den Boote verstaut werden können. Besonders bei Gegenwind ist es von Vorteil, möglichst wenig an Deck zu transportieren, um den Widerstand gering zu halten. Das merken wir gleich heute. Hatten uns gestern noch die Strömung und Rückenwind durch den Langesund getrieben, hat nun der Wind gedreht und bläst uns ins Gesicht. Jeder Kilometer zählt doppelt, und wir brauchen bis zum späten Nachmittag, bis wir das östliche Ende des langen Wassergrabens zwischen zwei Inseln erreicht haben und Kurs auf die Insel Qerqertamiut nehmen können, geplanter Übernachtungsplatz und noch fünf Kilometer entfernt.

Auf halber Strecke kommt ein kleines Motorboot längsseits, ein vom Wetter gegerbter Inuit am Außenborder, seine Frau, in einen Winteranorak gehüllt, am Bug sitzend. Wir sprechen kein Inuktitut, sie kein Englisch. Die Frage nach dem »Woher« und »Wohin« können wir mit Handzeichen und etwas Dänisch klären. Dann, bevor der Fischer wieder an der Leine seines Motors zieht, zeigt er mit verklärtem Blick auf die kleine Grönlandfahne, die wir am Heck von Jens' Boot angebracht haben, und stimmt einen Singsang an. Später, viel später, im Souvenirshop auf der Rückreise, hören wir die Nationalhymne Grönlands und erinnern uns an den Gesang.

Die ersten Paddler in diesem Jahr

Ikamiut. Die erste Siedlung von dreien auf unserem Weg nach Ilulissat. 80 Menschen leben hier in bunt gestrichenen Holzhäusern auf einer kargen Felszunge. Als wir an einem kleinen Strand auf der Rückseite des Hafens anlegen, um unsere Wassersäcke aufzufüllen und einen Liter frische Milch zu kaufen, erwarten uns schon ein Dutzend Kinder. Aufgeregt rufen sie durcheinander, drängeln sich in die erste Reihe. Jeder möchte ein Boot an Land ziehen. Als auch der Stärkste merkt, dass er es allein nicht schaffen kann, wird das Projekt gemeinschaftlich gelöst.

»Hello, helloooo, hello! Wos yu name?«, probieren die Mutigsten ihr Schulenglisch aus. Wir erfahren einige Namen: Hans, Jonas und Karl. Ein junges Paar, der Mann trägt ein kleines Mädchen auf den Schultern, kommt zum Strand herunter. Die Frau heißt uns mit einem feierlichen Händedruck willkommen. Sie heißt Annisarah und spricht exzellentes Englisch. Aus Sisimiut, einer der größeren Städte weiter im Süden, ist sie hierher zu ihrem Mann gezogen. Er ist Jäger und Fischer. »Ihr seid die ersten Paddler in diesem Jahr.« Sie erklärt uns auch, dass der kleine Dorfladen bereits geschlossen sei und hilft uns, unsere Wassersäcke aufzufüllen. Als sie damit aus ihrem roten Haus zurückkommt, das vorn, ganz an der Spitze

▲ *Ankunft am Ilulissat-Eisfjord. Ein Mosaik aus Eisschollen sorgt für eine knifflige Landung.*

der Landzunge, knapp über der Wasserlinie liegt, hat sie auch einen Liter Milch dabei, den sie uns schenken will. »Behaltet unser Dorf in guter Erinnerung.«

Als wir uns im Gejohle aus mittlerweile bald 30 Kinderkehlen verabschieden und unterhalb von Annisarahs Zuhause vorbeipaddeln, kann ich mir ihren Ausblick aus dem Wohnzimmer noch besser vorstellen. »Ihr könnt ja die Eisberge schon beim Frühstück vorbeitreiben sehen«, hatte ich zu ihr gesagt. »Ja. Und die Wale! Fast jeden Tag.«

▸▸ *So sieht ein Stau nördlich des Polarkreises aus: 45 Kilometer lang ist der mächtige Ilulissat-Fjord, und vollgestopft mit Eisriesen. Die größten Eisberge laufen an der Mündung auf Grund und versperren so den Weg für die nachkommenden.*

Ein Eisberg im White Russian

Über eine bleischwere, stille See paddeln wir in einer Flaute auf die Insel Eqerqoq zu. Östlich und auch weiter im Süden liegen kolossale Eisberge. Gestrandet in Untiefen zwischen 100 und 200 Metern. Wind und Strömung haben sie aus dem Norden der Diskobucht hinausgespült, wo die größten Eisberge weit und breit geboren werden.

▲ Abendstimmung über dem Ilulissat-Eisfjord. Jeden Tag ist hier die Aussicht anders, immer ist das Eis in Bewegung.

▸ Kein Drink könnte je besser schmecken: White Russian mit echtem Gletschereis.

»Schau mal dort hinten. Zwei Kreuzfahrtschiffe, die kollidiert sind. Oder ein Katamaran, dessen Brücke eingedrückt wurde«, ruft Jens herüber und zeigt auf einen sonderbaren Eisberg. Das Spiel der Assoziationen, das man andernorts mit Wolken oder Felsen treibt, geschieht hier unwillkürlich mit dem Eis. Es gibt verfallene Häuser, Bären und Drachen, vernarbte Gesichter, Walflossen und vieles anderes, das sich zwar nicht so richtig gut deuten lässt, aber trotzdem wunderschön ist. Auch wild und bedrohlich, und besonders für Paddler nicht ganz ungefährlich.

»Haltet zu Eisbergen mindestens einen Abstand ihrer dreifachen Höhe. Sonst kommt ihr in große Schwierigkeiten, wenn Eis abbricht und eine Flutwelle entsteht« – in Aasiaat hatte uns eine Paddlerin gewarnt. Wie plötzlich das geschehen kann,

erleben wir noch am selben Abend, als wir auf den Hügel hinter unserem Camp am Nordrand von Eqerqoq steigen, um die Mitternachtssonne zu bewundern, die auch um ein Uhr morgens noch glutrot eine Handbreit über dem Horizont steht. Direkt vor unserem Kiesstrand im flachen Wasser liegt ein gestrandeter Eisberg mit Zacken und Zinnen in alle Himmelsrichtungen, am höchsten Punkt vielleicht drei Meter über die Wasserlinie ragend. Plötzlich knackt es laut und kracht und knirscht, ein Geräusch wie zerberstendes Holz, dann zerbricht der Eisberg erst in zwei, dann in viele Teile. Schäumend stürzen sie ins Wasser, es gischtet weiß, eine kleine Welle breitet sich ringförmig aus. Beeindruckend. Beängstigend in dem Moment, wenn man sich dazu einen 40, 60 oder 100 Meter hohen Brocken vorstellt.

Den Schreck begießen wir kurz darauf mit einem echten »White Russian«. Angesichts des vielen Eises und der damit verbundenen Möglichkeit, sich nette Drinks zu mixen, hatten wir schon bei der Planung Wodka und Kaluah auf die Einkaufsliste geschrieben. Jens fischt einen frisch geborenen Eisklumpen von der Größe eines Fußballs aus dem Wasser. Mit dem Messer brechen wir perfekte Eiswürfel heraus. Im Alkohol schwimmend zischt und blubbert das Eis, kleine Luftblasen platzen, geben 100 000 Jahre alte Luft frei. Wir stoßen an auf das weitere Gelingen der Tour und einen stets guten Vorrat von Eiswürfeln.

Am nächsten Tag gehen wir eine Zwölf-Kilometer-Passage über das freie Wasser der Südostbucht an, mit der wir die ver-

lorenen vier Tage aufholen möchten. Immerhin spielt das Wetter mit, die Sonne scheint von einem nahezu blauen Himmel, wir können die Paddeljacken verpackt lassen. Nach einer Stunde erreichen wir das erste Highlight der Überfahrt: Einen gut 30 Meter hohen, weiß und grünlich strahlenden Eisberg, einen großen Würfel mit einer kleinen Bucht an seiner Südfront. Die an seinen Flanken vorbeifliegenden Möwen nehmen sich elfenhaft klein aus. Wir sind euphorisch, paddeln durch frisch abgebrochene Eisbrocken, Schollen und Würfel, die zischen und knistern wie das Eis in unseren Drinks gestern abend – gerade so, als hätte man eine große Brausetablette ins Meer geworfen.

Für Triumph-Fotos muss jeder vor den glitzernden Wänden kreuzen, dann machen wir im Schatten des Giganten Mittagspause und verdrücken ein paar Schokoriegel. »Ich glaube, wir

◂◂ *Der Abstand zu Eisbergen sollte mindest dreimal so weit sein, wie sie hoch sind. Unerwartet können große Brocken abbrechen und für hohe Wellen sorgen.*

◂ *Am Ufer des Ilulissat-Eisfjords kann man leicht mehrere Tage verbringen. Und wenn das Schauspiel des sich unaufhörlich verändernden Eises doch einmal stillsteht, kann man vor grandioser Kulisse leicht auf andere Art ausspannen.*

sind ein bisschen zu nah«, meint Jens. Ich kann nur schmatzend ein »Hmmh« erwidern und zucke grinsend mit den Schultern. Wie ein Magnet ziehen uns manche Eisberge an. Sobald der letzte Riegel aus den Händen ist, machen wir dann aber doch, dass wir aus der Gefahrenzone kommen. Man sollte sein Glück nicht zu sehr herausfordern. Beim zweiten Eisberg des Tages sind wir schon vorsichtiger, bleiben auf Distanz und sind froh darüber, als plötzlich ohne Warnung ein Eisbrett krachend abbricht und im Wasser versinkt, um gleich darauf wie ein Korken wieder aufzutauchen.

Viel Regen und viel Schlaf

Ich sehe die Wale zuerst. Wir haben uns die Insel Tinnússaraq für die Nacht ausgesucht und halten an Land gerade nach dem besten Platz fürs Zelt Ausschau, als ich hinter einem Felsen hervortrete und wieder freien Blick aufs Meer habe. Auf die Distanz und im Lärm des Windes und der ans Ufer schlagenden Wellen geräuschlos, schlägt ein massiger, schwarzer Körper auf die Wasseroberfläche, einen guten Kilometer entfernt. Eine enorme Gischtwolke steigt auf. Der Rücken eines zweiten Wals durchschneidet das Wasser, reckt seine Schwanzflosse in die Luft, bevor er abtaucht. »Waaaale! Wale! Da! Da, da.« Vor lauter Aufregung spreche ich wie ein Fünfjähriger und muss die Hände zu Hilfe nehmen, um Jens begreiflich zu machen, was sich da gerade vor meinen Augen abgespielt hat. Wir stürmen zurück zu den Booten, holen das Fernglas und eilen auf den höchsten Punkt der Insel. Für einen Moment bleiben die Tiere von einem Eisberg verdeckt, dann sehen wir noch einmal ihre glänzenden Rücken und zwei Blaswolken, die der Wind ein Stück mitnimmt. Dann verschwinden die Wale hinter einer Landzunge. Immerhin, unsere Fahrtrichtung ist die gleiche. Das lässt hoffen für morgen.

Keine Wale und auch keine Sonne mehr tags drauf (immerhin eine Robbe, die neugierig vor uns auftaucht, dann aber erschrocken die Flucht ergreift. Ihre Vorfahren wurden schließlich aus Kajaks gejagt). Stattdessen: mehr Wind, mehr Wolken und viel Regen. So viel, dass wir an der Nordspitze der wie ein Bumerang geschwungenen Insel Akugdlit einen Pausentag einlegen. Die nächste Etappe führt über die Mündung des Kangersuneq-Fjords, acht Kilometer übers offene Wasser. Dafür hätten wir gern halbwegs gutes Wetter. Zu allem Überfluss ist plötzlich meine Isomatte kaputt, verliert ungeniert Luft, ohne zu zeigen wo. Das macht eine Reparatur schwer. Wir schlafen trotzdem fast den ganzen Tag. Eine durch die ewige Helligkeit bislang ungekannte Müdigkeit hat uns plötzlich erfasst.

Als wir das nächste Mal aus dem Zelt schauen, hat sich die Szenerie geändert: Beim Anlanden vor zwei Tagen war das Wasser vor unserer Landspitze fast frei gewesen von Eisbergen, doch der Sturm hat uns über Nacht einige Brocken in den

Weg gelegt. Wohin man auch blickt, weiße Blöcke auf dunklem Wasser. »Immerhin«, meint Jens, »wird jetzt die Überfahrt nicht ganz so eintönig.«

Das letzte bisschen Zivilisation für eine Weile – die für Grönland typisch bunten Holzhäuser am Startpunkt der Tour in Aasiaat.

Hinter Christianshab beginnt der Mist mit den Mücken. Wir zelten auf der Insel Rypehiolm und haben schon beim Abendessen reichlich Gesellschaft. Als wir am nächsten Morgen aufwachen, sitzen gut 500 Mücken allein zwischen Innen- und Überzelt, es prasselt als würde es regnen und summt wie Hochspannungsleitungen in feuchter Luft.
Wir frühstücken im Zelt und beladen unsere Boote zügig in Goretex-Jacke und Moskitonetzen. Trotzdem nerven das Gesumme und die Angriffe auf unser Blut gewaltig. Auch auf dem Wasser haben wir lange keine Ruhe, ziehen die Paddel kräftig durch, um Fahrtwind aufzubauen und die Moskitos so abzuschütteln. Immer wieder wischen wir sie kräftig durch die Luft und hören das Prasseln kleiner platzender Leiber.
Am Abend hoffen wir auf mehr Glück mit dem Zeltplatz, doch es bleibt wie es war. Mücken, Mücken, Mücken, auch am darauffolgenden Tag. Dazu gesellt sich ein weiteres Problem: Die Sonne scheint auf einmal wieder von drei Uhr in der Früh, kein Lüftchen weht. Es wird heiß im Zelt, auch als wir das Überzelt abwerfen. Das Thermometer zeigt schon außerhalb unserer Sauna mehr als 20 °C im Schatten. Irgendwann wird es mir zu viel, ich springe nackt aus dem Zelt, renne mit durch die Luft fuchtelnden Armen zum Ufer und stürze mich zaghaft und kreischend ob der plötzlichen Kälte ins Wasser. 4 °C. Noch nie habe ich mich so schnell gewaschen und wieder angezogen. Selbst die Mücken müssen da verwundert einen Flügelschlag ausgelassen haben.

Wo Licht ist, ist auch Schatten: Die Mücken sind hier oben so ausgehungert, dass sie jedes Lebewesen gnadenlos verfolgen.

Stürmische Fahrt in Richtung Norden. Der Ilulissat-Eisfjord ist nicht mehr weit, die Dichte der Eisberge nimmt zu. Für den Paddler schwankt der Horizont mit jeder Welle.

▸ Es knistert, knackt und blubbert bei der Fahrt durch kleine Eisfelder. So zauberhaft, dass man den Atem anhält und die Paddel nur zaghaft durchs Wasser führt, um jeden Laut zu vernehmen.

▸▸ Mit jeder Flut setzt das Meer zaghaft neue Eisbrocken auf Land. Bei Ebbe liegen sie frei, verändern in Wärme und Sonne ihre Form und werden mit dem nächsten Hochwasser wieder mitgenommen.

▸▸▴ Schlittenhunde, die den Sommer über auf einer Insel ausgesetzt wurden. Nur von Zeit zu Zeit kommt der Halter vorbei und bringt Futter.

▸▸▾ Die Vegetation hat nicht viel Zeit, um im grönländischen Sommer zu blühen und sich zu vermehren. In der harschen Umgebung wächst kaum eine Pflanze in die Höhe. Niedrig am Boden ist der Schutz vor der Witterung am Besten.

Ein Torbogen aus Eis

Das direkte Einzugsgebiet des Kangia, des Ilulissat-Eisfjords, liegt nun noch eine Tagesreise weit entfernt, die Spannung steigt. Wie wird es wirklich sein, in unseren kleinen Faltbooten zwischen den großen Eisbergen, wie ist es dort, wo Eisblöcke mit den Abmessungen von Häuserblocks ins Meer geschleudert werden? Ein wenig Furcht vermischt sich mit dem Geschmack des Abenteuers. Wie gefährlich wird es sein, jenen Fjord zu überqueren, zehn Kilometer breit an der Mündung in die Diskobucht, Abfluss des mit 30 Millionen Tonnen im Jahr produktivsten Gletschers der nördlichen Hemisphäre? Gibt es eine einfache Route vom Südufer durch das Gewirr und Gewusel gigantischer Eiswürfel nach Ilulissat, unserem Ziel am Nordufer? Immerhin: Auch der Eisberg, der die »Titanic« vor Neufundland für immer auf den Meeresgrund schickte, kam aus diesem Fjord.

Den unvergesslichen Anblick, als wir auf der Suche nach einem Zeltplatz die letzte Landzunge umrunden, die uns bisher die freie Sicht auf das Gebiet unmittelbar vor dem Kangia genommen hat, werten wir als gutes Omen für unser Vorhaben: Bis zum letzten Augenblick versteckt, ragt plötzlich ein weiß strahlender Torbogen vor uns aus dem Wasser in den Himmel. 40, vielleicht 50 Meter hoch, eine Skulptur der Natur, geschaffen von über Jahrtausende gefallenem Schnee, gepresst, gewalkt, modelliert auf dem Weg vom Inlandeis hinab zum Meer.

Und als wollte sich kein zweiter Eisberg an seiner Schönheit messen, steht in dieser Bucht nur der eine große Bogen, fernab der sich am Horizont abzeichnenden Eismassen des Kangia. Dass an diesem Abend wieder Sturm aufkommt, wundert kaum – man erwartet bei diesen visuellen Reizen geradezu auch wildes Wetter.

Eine Zwei-Meter-Dünung und Nieselregen begleiten uns hinüber nach Claushavn, ein in den Touristenprospekten von Ilulissat als besonders pittoresk und traditionsreich gepriesenes Dorf von Jägern und Fischern, und weiter auf das Eisfeld zu, das mit jedem Kilometer der Annäherung mächtiger wird. Grund für die Ballung von Eisbergen im Kangia, dem Jakobshavener Isfjord, ist eine Sandbank unter Wasser, die einstige Endmoräne des Gletschers, direkt vor der Mündung. Dort laufen alle Eisberge mit einem größeren Tiefgang auf Grund und blockieren das nachkommende Eis – bei

einem Vortrieb von bis zu 300 Metern täglich ist das gigantisch. Der gut 45 Kilometer lange Fjord ist vollgepfropft mit Eis, kein Fleck Wasser ist zu sehen. So lange, bis die großen Brocken abschmelzen, auseinanderbrechen oder bei Vollmond von einer besonders hohen Springflut über die unterseeische Barriere hinweggehoben werden und sich der Stau entspannen kann.
Dort, wo am Südufer des Fjords Land und Eis zusammentreffen, möchten wir drei Tage unser Lager aufschlagen und dem Naturschauspiel, dass es so kein zweites Mal gibt auf unserem Planeten, aus nächster Nähe beiwohnen.

»So langsam glaube ich nicht mehr daran, noch Wale aus dem Boot zu sehen«, hatte Jens noch vor einer halben Stunde seufzend gemeint; ich musste ihm widerwillig beipflichten. Dabei hatte man uns immer wieder von den vielen Walen in der Gegend berichtet und ein sicheres Zusammentreffen – »bestimmt nicht nur einmal« – versprochen.
Wir treiben auf das Eisfeld zu, noch zwei Kilometer mögen uns davon trennen, Jens schneidet große Scheiben Speck unseres eisernen Vorrats auf Deck. Als ich gerade das letzte Stück herunterschlucke und dabei zufällig nach links aufs offene Meer schaue, bleibt es mir fast im Halse stecken, wieder kommt mein Schrei erst verzögert über die Lippen: »Waaal! Ein Wal! Da, links.« Noch einmal zeigt er seine Fluke, taucht ab, und innerhalb der nächsten Viertelstunde immer wieder auf. Er hält auf das Eisfeld zu wie wir, kreuzt dort dann unseren geplanten Kurs. Mit einem Foto aus nächster Nähe wird es nichts, denn als wir dem Eis endlich nah genug sind, bleibt der Wal verschollen, taucht wohl schon wieder ganz woanders nach Krill und Plankton. Die Begeisterung über die Sichtung allein hält noch lange an, wird erst nach und nach vom Staunen über die sich vor unseren Booten auftürmenden Eismassen verdrängt.
Gut eine halbe Stunde paddeln wir südlich daran entlang, das Land rückt von rechts immer näher. Dann treffen sich Eis und Stein, weiter können wir nicht. Wir landen an und rennen auf den nächsten Hügel, wollen endlich mehr vom Kangia, dem Eisfjord von Ilulissat, sehen. Und sind überwältigt. Zu unseren Füßen tut sich ein wildes ungezähmtes Paradies auf, unfassbar in seinen Ausmaßen. Eis über Eis, große Schollen, kleine Schollen, gezackte, schroffe Eisberge, sanft abgerundete, grau verschmutze, strahlend weiße, blau schimmernde. An Land gespült, zurückgelassen vom Hochwasser, Eisbrocken von der

▲ *Einen guten Zeltplatz zu finden, ist nicht immer leicht. Oft verschwinden Kiesstrände wie dieser unter der nächsten Flut, und die gesamte Ausrüstung muss hoch an Land getragen werden.*

▸▸ *Ankunft in Ilulissat und Zeit, die Faltboote wieder auseinanderzunehmen.*

Größe eines Tennisballs bis zur Hundehütte einer Dänischen Dogge. Auf einem frei gebliebenen Kanal entlang des Ufers kommt weiteres Eis aus dem Fjord herangetrieben. Irgendwo weit hinten abgebrochen, staut es sich vor unseren Augen an der letzten Barriere, bis zum Morgen ist wieder alles weiß, nur Eis, Eis, Eis.
Wir bleiben die geplanten drei Tage und könnten noch länger verweilen, der Anblick wird nie langweilig, jeden Tag verändert sich das Eisfeld, von den Hügeln und Bergen am Ufer eröffnen sich immer neue, immer andere Blicke. Von ganz oben sehen wir bis hinaus aufs Wasser der Diskobucht, wo die befreiten Eisberge als Solitäre im Licht der tief stehenden Sonne auch um Mitternacht strahlen. Nach Osten reicht der Blick den langen Fjord entlang bis zum Panzer des Inlandeises, über dem früh morgens die Sonne steht.

Am vierten Tag müssen wir weiter nach Ilulissat, noch ein Tag bleibt uns bis zum Heimflug. Am Morgen hatte der Kangia noch eisblau vor einem Pastellhimmel geleuchtet, als wir mittags kurz vor dem Höchststand der Flut die ersten Paddelschläge machen, bricht ohne große Warnung das schlechteste Wetter der ganzen Tour über uns herein. Regen peitscht, dann Hagel, dazu Sturmböen, die die nassen Hände binnen Kurzem zu tauben, funktionslosen Enden der Arme degradieren. Wir überlassen uns einem plötzlichen Wasserstrom, der zermahlenes Eis vom Kangia zwischen den Eisbergen forträgt, geraten aber schon nach Kurzem in große Kehrwässer, die strudeln und kreisen, die Richtung plötzlich ändern, uns auf der Stelle drehen und zurückschieben. Dabei schlackert das kleine Eis umher, reibt sich an den Booten, klimpert und mahlt geräuschvoll. Also doch paddeln, der Sonne entgegen, die in der Ferne schon wieder regennasse Berghänge zum Funkeln bringt. »Hier ändert sich jede Stunde das Wetter«, hatte man uns immer wieder stolz erzählt, also hoffen wir, dass es diesmal auch so sein wird ... und werden schon nach 40 Minuten erhört. Die Sonne bricht durch, der Wind ist noch mit den ostwärts strebenden Regenwolken beschäftigt und behelligt uns nicht weiter, es wird urplötzlich angenehm warm. Die Boote dampfen, das Wasser leuchtet karibisch grün vor dem Eis, das wir mit gebührendem Abstand umzirkeln, den günstigsten Weg nach Ilulissat suchend.

Lange sehen wir das Land nicht mehr, richten uns grob nach dem Kompass und vorbeifahrenden Booten, um unseren Weg zwischen den Eisriesen zu finden.
»Eine schönere letzte Etappe kann es doch nicht geben, oder?«, fragt mich Jens nach langem Schweigen. Ich nicke nur, denke an unser Ziel, die erste Dusche seit fast 20 Tagen und ein weiches Bett – will aber gleichzeitig gar nicht weg hier. »Bloß nicht zu schnell paddeln.«
Eine Devise, die wir kurze Zeit später aber doch ändern, als sich in unserem Rücken eine neue Unwetterfront zusammenbraut, eine bald nachtschwarze Wand, die den Himmel von West nach Ost, vom Wasser bis hoch über unseren Köpfen einnimmt und kurze Zeit später auch die Sonne verschlingt, die für eine kurze Weile ein surreales Licht über das Eis und uns, ganz klein dazwischen, geworfen hat.
So getrieben von Nässe und Kälte im Nacken, erlösendes Land voraus, ziehen wir durch das Eisfeld nordwärts, nehmen schmale Passagen zwischen grotesk zerbröckelnden Eisbergen, Hexenburgen und Geisterschlössern hindurch, bis wir irgendwann die ersten Häuser von Ilulissat vor uns sehen. In wieder weichem goldenem Licht treiben wir an bunt gewürfelten Häusern vorbei, hören Schlittenhunde bellen und winken am Wasser spielenden Kindern zu. Bis der Regen doch noch kommt, heftig und ungnädig, und wir den Hafen nur schemenhaft unter dem Rand unserer Kapuzen hervor erkennen.

Als wir die Boote wenig später an einem freien Steg vertäuen, ist es geschafft: die Diskobucht liegt hinter uns. Ihre landschaftlichen Reize haben sich Tag für Tag gesteigert und ihren Höhepunkt in den letzten Tagen und letzten Kilometern der Tour gefunden. Dramaturgisch absolut perfekt. Das Wetter zeigt sich erst am nächsten Tag versöhnlich, unserem letzten in Grönland. Der Himmel ist wolkenlos blau, die Sonne geht tatsächlich 24 Stunden lang nicht unter. Als wir am Abend mit zwei Flaschen Bier und einem Beutel fangfrischer Garnelen aus dem Supermarkt gemütlich auf einem Hügel sitzen, den Ort und den Fjord zu Füßen, beide leuchtend im sanften Licht der tief stehenden Sonne, da erst verstehen wir wirklich, wie es sein soll, wie es nun endlich ist – an einem Abend an der Haltestelle der Hochs.

▸ *Als Paddler ist man in Finnland zumeist in guter Gesellschaft: Es gibt kaum einen Finnen, der in Wassernähe lebt und kein Boot besitzt. Bei 190000 Seen im Land hat also fast jeder eins.*

Ringelrobbe gesucht

Saimaa-Seen – Finnland

Geschätzte 190000 Seen gibt es in Finnland. Große und kleine, lange und kurze, runde und eher gestreckte. Einige davon bilden das Saimaa-Seengebiet – ein kleiner Ausschnitt nur aus den schier unendlichen Paddelmöglichkeiten Nordskandinaviens, aber dennoch mehr als genug für einen schönen Urlaub.

Seit einer halben Stunde gleiten unsere Boote über einen der vielen Seen, den Haukuvesi. »Wie viele Inseln es allein im Inland gibt, möchte ich gar nicht erst wissen!«, ruft Katrin zu mir herüber. Vor uns liegen ein gutes Dutzend, und das nur auf diesem einen See. Schon eine ganze Weile schaut sie auf die Karte auf ihrem Deck, die Stirn in grüblerische Falten gelegt. »Ich glaube, ich hab's. Da vorn leicht rechts an der Insel vorbei. Da geht's lang.«
Katrin ist heute für die Navigation zuständig, und die ist nicht ganz einfach im Saimaa-Seengebiet. Aus der Perspektive des Paddlers wirkt doch alles ganz anders, als die eindimensionale Aufsicht, die die Karte bietet. Vor dem Bug geht eine Insel leicht in die nächste über, da glaubt man plötzlich, eine Landzunge vor sich zu haben, obwohl sich doch nur Eiland an Eiland reiht.

Vom kleinen Ort Oravi, 30 Kilometer nördlich von Savonlinna, sind Katrin und ich zu einer achttägigen Kajaktour gestartet. Wir werden kurz durch den Linnansaari-Nationalpark paddeln, später durch den Kolovesi-Nationalpark und weiter durch viel, viel Natur ohne ausgewiesenen Schutzcharakter, oft ohne einen Unterschied zu spüren. Ziel: das Kloster Valamo, 100 Kilometer entfernt im Norden. Jukka, der Chef des Kanuverleihs und der Jugendherberge von Oravi wird uns in acht Tagen dort abholen.
»Paddeln viele Leute diese Strecke?«, hatte ihn Katrin gestern gefragt. »Nee. Keiner eigentlich.« Punkt. Fertig. Gesprächig ist Jukka nicht. Aber welcher Finne ist das schon?

Vesiretkeily Kartasto, Keskinen Saimaa

Die Karte – »Vesiretkeily kartasto, Keskinen Saimaa« ihr Titel in melodischstem Finnisch – und den Kompass immer im Blick, tasten wir uns langsam voran. In den ersten Tagen sehen fast alle Inseln gleich aus: ihr Haupt gekrönt von Kiefern und Fichten, mal ein paar Birken oder Pappeln. Selten größere Erhebungen oder markante Felsen, an den Ufern ist es nicht viel anders. Nur das Wasser ändert sich von einem stumpfen, trüben Grau am wolkenverhangenen ersten Tag der Tour in ein leuchtendes, geheimnisvolles Schwarzblau an den vielen sonnigen Tagen, die auf dem Weg nach Valamo folgen.

Das Wasser hat beste Qualität, ganz unabhängig von seinem jeweiligen Farbton, und ist bedenkenlos trinkbar. Auch viele Fische fühlen sich da wohl. Und weil sich das seit Jahren nicht geändert hat, sind die Seen der Saimaa-Region auch heute noch Heimat einer ganz besonderen Spezies: der Saimaa-Ringelrobbe, einer von nur zwei Süßwasser-Robbenarten weltweit. 270 Exemplare soll es noch geben, eine Population, die zwar noch weit entfernt davon ist, stabil zu sein, die sich aber in den letzten 20 Jahren mehr als verdoppelt hat. Als Paddler stehen die Chancen angeblich nicht schlecht, eines der seltenen Tiere zu Gesicht zu bekommen, haben wir gehört. So hoffen wir Tag für Tag und legen oft lange Phasen ein, in denen wir still an Uferzonen entlangpaddeln, die wir als robbenfreundlich einstufen. Irgendwo wird sich vielleicht ein Tier sonnen und gar nicht mitbekommen, dass wir herankommen.

Mit jedem Tag lernen wir die Natur und ihre Topografie besser zu lesen und bringen die Umgebung mit dem Eindruck der Karte besser in Übereinstimmung, finden unseren Weg leichter und schneller. Immerhin erleichtert uns die nördliche Fahrtrichtung unsere Fahrt. Im gleißenden Gegenlicht den Weg zu suchen, wäre ungemein schwerer. Dennoch – ohne Karte müsste man sich fast verirren.

Auch ist es mitunter ungemein schwierig, einen Platz für eine Rast zu finden, meist reicht der Wald bis ans Wasser oder es ist zu steil. Und wo es flach und frei ist, steht unter Garantie ein Mökki, eine kleine Holzhütte, wie sie fast jede finnische Familie an einem See irgendwo im Land hat.

Eine Möwe am Haken

Die erste freie Insel, die sich einen Tag später für eine Mittagsrast eignet, gehört einem Fischadler, er kreist über uns, als wir näher kommen, dann sehen wir seinen mächtigen Horst im Wipfel einer Kiefer. »Schöner Wohnen« für Adler. Da haben Paddler nichts zu suchen, und so begnügen wir uns mit einem felsigen Buckel etwas weiter, der zwar keine Möglichkeit bietet, einmal die steifen Glieder auszustrecken und in bequemer Lage ein Nickerchen zu halten, aber immerhin ein Adler-Kino durchs Fernglas ermöglicht.

Den nächsten Fischadler sehen wir noch am selben Abend, als wir für die letzten drei Kilometer des Tages auf dem See Pyttyvesi nordwärts paddeln. Hoch über uns zieht er seine Kreise und steuert nach einer Weile eine Insel an, auf der ein zweiter Adler in einem großen Nest sitzt; wieder in der Krone einer knorrigen Kiefer. In der Literatur heißt es, der Linnansaari-Park im Süden würde die größte Dichte an Fischadlern aufweisen – keinen einzigen hatten wir dort gesehen, und heute gleich drei. Das Saimaa-Seengebiet ist über 4000 Quadratkilometer groß und bietet zwei ausgewiesene Nationalparks. Zwar genießt die Natur dort einen besonderen Schutz, doch verglichen mit vielen anderen Regionen auf der Welt wirkt fast das gesamte Seengebiet wie ein einziger riesiger Nationalpark. So viel Natur und so wenige Menschen – wo kann man das schon noch erleben in Europa, wenn nicht in Skandinavien.

Den ganzen Tag über hatte ich geangelt, es zumindest versucht, doch trotz der hohen Fischdichte kein Glück gehabt. Jukka aus Oravi hatte mir einen feschen Köder aus Holz verkauft, der so professionell aussah, dass ich mir hohe Chancen ausrechnete, unser Abendessen regelmäßig durch einen Fisch-

▲ *Auch ein Sommerhäuschen, eine Hytta, haben sehr viele Finnen. Mitunter sind die Hütten seit Generationen in Familienbesitz – und stehen im Idealfall auf einer kleinen Insel.*

gang bereichern zu können. Beim Paddeln wird das glitzernde Fisch-Imitat durch seine Form, die Geschwindigkeit und die Strömung unter Wasser gedrückt, sobald man aber einhält, treibt es zurück an die Oberfläche. Ein großer Vorteil, damit man nicht ständig denkt, man hätte einen Fisch am Haken, nur weil der Köder zu tief gesunken ist und sich im Grund verfangen hat.

Mehrfach hatte ich versucht, mir vorzustellen, was passieren würde, wenn eine gefräßige Ringelrobbe sich unseren Köder schnappen würde. An das, was jetzt im warmen Abendlicht mitten auf dem Pyttyvesi passiert, hatte ich bisher keinen Gedanken verschwendet. Wir legten mitten auf dem See eine kleine Pause ein, um durch das Fernglas das Fischadlerpaar zu beobachten. Plötzlich reißt es an der Angel, hinter uns bricht Geschrei und Gekreische los. Als wir uns umdrehen, glauben wir unseren Augen nicht: Wir haben eine Möwe am Haken. Schnell entdecken wir, dass sie den Köderfisch zwar nicht verschluckt hat, sich die Haken allerdings in ihren Fuß gebohrt haben. Die Möwe zetert ganz fürchterlich und will davonfliegen, doch das macht alles nur noch schlimmer. Ich hole sie mit der Angel näher heran, und während Katrin versucht, den Vogel mit dem Paddel so sanft es geht davon abzuhalten, nach

▸▸ *Abendstimmung im Norden der Saimaa-Seen. Im Sommer hält die Dämmerung endlos an, die Sonne geht fast nicht unter.*

mir zu hacken, löse ich den Köder. Zum Glück hat sich nur einer von neun Haken in der Schwimmhaut eines Fußes verfangen. Noch bevor die Möwe begreift, wie ihr geschieht, ist sie frei und fliegt wütend, aber – abgesehen von einem kleinen Piekser im Fuß – unbeschadet davon.

»Ist doch klar, dass du keine Fische fängst!«

Schlimme Zustände hatten wir bezüglich der Mücken befürchtet. Zuhauf gibt es wilde Geschichten über Moskitoplagen im finnischen Feuchtland. Selbst die aus Alaska bekannte Legende, dass ein achtlos hingeworfener Hut nur sanft zu Boden gleitet – auf den Flügeln von Abermillionen von Mücken – lesen wir im Zusammenhang mit Finnland. Wir scheinen sonderbares Glück zu haben. Zwar haben wir unsere Reisezeit bewusst auf das Ende des Sommers gelegt,

▲ *Wenn im Herbst der erste Frost kommt, beginnt in Finnland die schönste Zeit: der Indian Summer. »Ruska« nennt sich die Zeit der bunt glühenden Wälder und Fjells hier, und schon die Erwähnung sorgt unter den sehr naturverbundenen Finnen oft für leuchtende Augen.*

▶ *270 Exemplare der gefährdeten Saimaa-Ringelrobbe treiben sich in den Seen herum. In den letzten 20 Jahren hat sich ihre Population zwar mehr als verdoppelt, stabil ist sie dennoch nicht. Nur wenige sehen ein Tier, das auf einem Felsen in der Sonne liegt oder beim Vorbeipaddeln neugierig seinen Kopf aus dem Wasser streckt.*

doch der erste Frost ist noch weit entfernt. Trotzdem sind uns bisher kaum Mücken begegnet. Vielleicht haben sie sich mitsamt den Touristen verkrümelt. Die Saison scheint vorbei; ein großer Campingplatz, an dem wir vorbeipaddeln, ist ausgestorben und winterfest verpackt.
Selbst Paddler sind fast nicht mehr unterwegs. Als uns zwei Boote entgegenkommen, kennen wir sogar die Hälfte der Besatzung: Es sind Jukka und seine Frau Marie-Luise vom Kanuverleih in Oravi. Auch Jukka angelt vom Boot aus. Gestern will er sieben Fische gefangen haben. Einfach so aus dem Kajak. Im Kolovesi-Nationalpark. Da wollen wir auch hin. Als ich ihm mein Leid klage, meint Jukka nur trocken: »Ha! Du bist ja auch ein Journalist und kein Fishing Guide! Ist doch klar, dass du keine Fische fängst!«
Das spornt doppelt an. Im Kolovesi werden wir sehen, wie gut ich bin. Am Nachmittag fahren wir über die Grenze des Parks, in dem Motorboote verboten sind. Die höchste Dichte von Saimaa-Robben soll es hier geben. Zu ihrem Schutz wurde der 23 Quadratkilometer große Park im Jahre 1990 eröffnet und verzaubert Paddler heute mit seinem Antlitz, das einen Kontrast zur Umgebung bildet. Besonders, als wir nach knapp fünf Kilometern ein Nadelöhr überwunden haben, das zwei Seen trennt. 50 Meter sind hier trocken gefallen, die Boote müssen kurz geschultert werden. Ob auch Robben diesen Weg nutzen – wer weiß? Auf einem sehr schmalen, von dicht bewaldeten Hügeln eingefassten See geht es weiter. Es wird still, das Wasser dunkler. Tief soll es sein im Park, tiefer als sonst üblich im Saimaa-Gebiet, in dem der Grund durchschnittlich gerade mal sieben Meter unter der Wasseroberfläche liegt. Felswände steigen nun bis 40 Meter hoch fast senkrecht aus dem Wasser.

Nach einer Weile paddeln wir an einer Hütte des Metsähallitus vorbei, dem Finnischen Amt für Staatswälder. Hütten wie diese stehen Wanderern und Paddlern in vielen Nationalparks

oder Naturschutzgebieten Finnlands zur Verfügung, oft kostenlos. Sie sind mit Pritschen und gusseisernen Öfen, teilweise einem Gaskocher, mitunter sogar mit traditionellen Saunen mit Holzöfen ausgestattet. Diese Hütte scheint schon belegt, demonstrativ hat man ein großes Handtuch auf die Wäscheleine gehängt, ein bisschen so, wie man auf Gran Canaria die Sonnenliege besetzt. Da wir genauso gern im Zelt schlafen und die Sonne noch hoch steht, paddeln wir entspannt weiter. Am Abend steuern wir die Halbinsel Lappiniemi mit einem der ausgewiesenen Zeltplätze im Park an.
Ähnlich liebevoll wie die Wanderhütten ist auch dieser Ort angelegt: Es gibt einen schönen Steg zum Anlegen und im Wald mehrere Plattformen, auf denen man sein Zelt aufstellen kann, ohne später im Schlaf Rückenschmerzen durch Wurzeln oder andere Unebenheiten zu erleiden. Gleich nebenan gibt es die für Finnen obligatorischen Feuerstellen, an denen sie Würstchen grillen können. Voller Inbrunst sitzen sie dann ums Feuer, die Angewohnheit, unter der alle Finnen leiden, die gern draußen unterwegs sind, gleicht einem Volkssport. Nur wenige Schritte sind es zum Schuppen mit Brennholz, Säge und Axt, in dessen Nachbarschaft sich auch ein Toilettenhäuschen befindet.
Kurz nachdem wir am nächsten Tag den Kolovesi-Nationalpark verlassen haben, erreichen wir die weitum bekannten Felszeichnungen von Vierunvuori. Vor mehr als 5000 Jahren wurde hier mit einer Farbe aus eisenhaltigem Lehm, dem als Bindemittel Ei, Fett oder Blut, man weiß es nicht ganz genau, beigemischt wurde, ein Elch auf den Fels gezeichnet. Ein Mann steht daneben, ein roter Punkt markiert das Herz des Tiers und legt nahe, dass es sich um eine Jagdszene handelt. In Zeiten, als man großen Tieren mit den vorhandenen Waffen nur sehr schwer beikommen konnte, wurden sie oft von einer größeren Gruppe von Jägern über Felsklippen getrieben und auf diese Weise getötet.

Schleuse mit Selbstbedienung

Schon lange hatten wir uns gewundert, was wohl das Wort »Kanava« auf unserer finnischen Karte zu bedeuten hatte. Als wir einen Kilometer weiter um eine Kurve gepaddelt kommen, wissen wir endlich um die Bedeutung: Eine Stromschnelle blockiert den Weg, doch eine Kanava, eine Schleuse, lässt uns das Hindernis umschiffen. Es gibt keinen Schleusenwärter – als wir in die Kammer eingefahren sind, zieht Katrin an einem Seil und der Mechanismus setzt sich in Bewegung. Eine finnische Motoryacht fährt im letzten Moment ins Becken ein und lässt sich ebenfalls schleusen. An Deck stehen weiße Campingstühle aus Kunststoff, aus dem Bordradio klingt einheimischer Pop mit Polka-Einschlag, Bierflaschen kreisen unter

▸ *»Schöner Wohnen« auf Finnisch: ein Zeltplatz auf einer namenlosen Insel im Saimaa-Seengebiet. Nur in Sichtweite von Ortschaften und Ferienhäusern darf nicht gezeltet werden. Andere Einschränkungen gibt es im Seengebiet für die Suche nach Plätzen für die Nacht nicht.*

▸▸ *Vorbereitungen fürs Abendessen: Durch die lange Helligkeit ist es fast egal, wann man morgens aufsteht und zu paddeln beginnt. Auch um Mitternacht schmeckt die Portion Pasta noch hervorragend.*

Lettmann

▸ *Jeden Tag ein neuer Zeltplatz, eine neue Insel, ein neuer Ausblick. Und keine Nachbarn weit und breit.*

▸▸ *Wer gut angelt oder einfach Glück hat, kann seinen Speiseplan um manche Köstlichkeit bereichern. Eine Angelkarte ist in jedem Fall Pflicht: egal, ob man dann etwas fängt oder nicht.*

▸▸▸ *Diverse Schleusen verbinden die Seen des Saimaa-Gebiets. Früher wichtig für den Transport von Waren und Holz, heute ein Segen für Paddler.*

der angeheiterten Besatzung. Eine Frau kommt etwas torkelnd an die Reling und ruft zu uns herüber: »Schöne Boote habt ihr da. Wirklich. Und ein tolles Hobby. Seid immer vorsichtig!«

15 000 Kilometer Küstenlinie, 14 000 Inseln

Die wahren Highlights unserer Kajaktour durch das Saimaa-Seengebiet eröffnen sich allabendlich: mit fast 15 000 Kilometern Küstenlinie und gut 14 000 Inseln, das haben wir inzwischen nachgelesen, sind die Möglichkeiten unerschöpflich, jeden Abend aufs Neue ein unbewohntes Stück Land, eine kleine Bucht oder eine noch kleinere Insel für die Nacht in Besitz zu nehmen. Tagsüber zu paddeln, von einem glasklaren See zum nächsten, entlang sich ähnelnder, doch im Detail wunderbar unterschiedlicher Uferstreifen, ist eine Sache. Doch am Abend sein Zelt zu errichten, auf einem Flecken Erde, Fels oder von Moos und Nadeln gepolstertem Waldboden, auf den vielleicht nie zuvor ein Mensch seinen Fuß gesetzt hat, das ist etwas ganz Besonderes. Auf einer Landzunge entdecken wir eine Terrasse, auf der frei stehende Kiefern ihre Nadeldächer schützend über das Lager ausbreiten, und einen Tag später eine winzige Insel, die gerade groß genug ist, um unser Zelt und die beiden Boote aufzunehmen. Sie ragt 30 Zentimeter aus dem Wasser, ist ganz unser. Und auch das macht eine Tour hier so einzigartig: Man muss die großartige Natur, das Wasser, die Wälder, die Luft, nur ganz selten einmal teilen. Kaum passiert es, dass in der Nachbarbucht ein Segelboot vor Anker liegt oder andere Paddler ihr Zelt aufgeschlagen haben. Da wird es schwer, sich zu entscheiden, wann man eine der zwei in den Bootsspitzen verstauten Flaschen Wein entkorken möchte – vielleicht kommt der schönste und würdigste Zeltplatz ja erst noch.

Am vorletzten Tag liegen ganze sieben Schleusen vor uns, mal verbunden durch künstlich angelegte Kanäle, mal durch flussartige Abschnitte, in denen das Wasser strömt. Uns entgegen. An den Schleusen von Varistaipale gibt es gleich vier Becken hintereinander, ein Schleusenwärter überwacht hier das Geschehen. Jedes Mal, wenn sich die massigen Tore in unse-

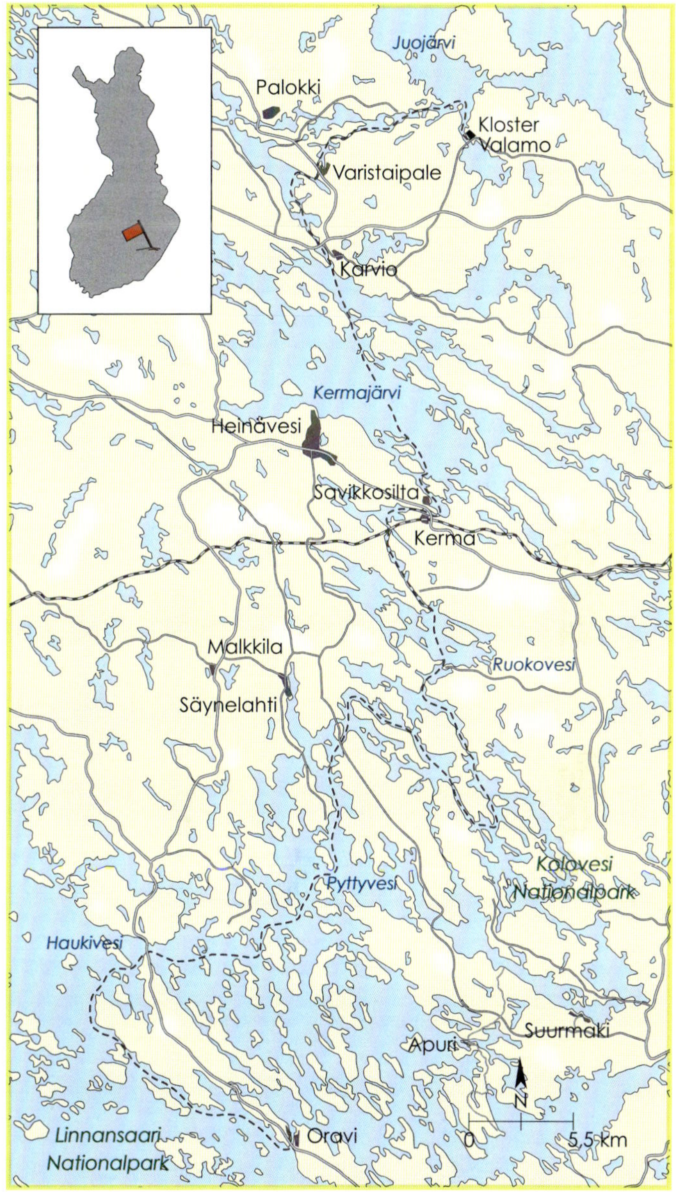

rem Rücken geschlossen haben, müssen wir uns gut festhalten, um im brodelnden Becken nicht zum Spielball des Wassers zu werden, das zwar schnell, aber äußerst unruhig ansteigt. 14,5 Meter Höhenunterschied werden in Varistaipale insgesamt überwunden. Der Kanal, in den die Schleusen integriert sind, ist nur etwas länger als einen Kilometer, doch schaufelten hier von 1911 an 400 Männer vier Jahre lang, um den Kanal fertigzustellen, der vor allem für die Flößerei eine wichtige Bedeutung bekam.

Zum orthodoxen Mönchskloster Valamo, unserem Ziel, an dem uns morgen früh Jukka einsammeln wird, ist es nicht mehr weit, als wir aus dem letzten Schleusenbecken hinauspaddeln. Es ist die letzte Nacht, daher legen wir besondere Sorgfalt in die Suche nach einem Zeltplatz. Doch es wird nicht leicht, die Ufer sind schwer zugänglich. Am Ende müssen wir uns mit dem Rastplatz Veitsniemi des Seal Trails, einer bekannten Kanuroute im Saimaa-Gebiet, begnügen. Nach dem Abendessen liegen wir mit vollen Bäuchen zufrieden auf dem Steg und schauen über das stille Wasser, in dem sich die Kiefern des gegenüberliegenden Ufers spiegeln. Ein Eistaucherpaar gleitet vorbei. Ihr Ruf erklingt, der für mich schönste unter allen Tierlauten, und dann tauchen sie ab. Zusammen. Wir beginnen zu zählen. 60, 70, 80. Als wir bei 102 angelangt sind, tauchen die beiden Eistaucher gut 100 Meter weiter fast zeitgleich auf. Romantisch. Noch lange könnten wir hier liegen und zusehen, doch zaghaft beginnt ein Frösteln heraufzuziehen, sich seinen Weg vom dunklen Wasser durch die Bretter des Stegs in unsere Körper zu suchen. Da locken die Schlafsäcke. Und morgen noch einmal die Schönheit des Saimaa-Seengebiets.

Anhang

NORWEGEN

Allgemein
Die Inseln der Lofoten liegen an der Küste Nordnorwegens zwischen dem 67. und dem 68. Breitengrad, der südlichste Punkt etwa 100 Kilometer nördlich des Polarkreises. Die Hauptstadt des Inselreiches ist Svolvær mit ca. 4000 Einwohnern. Das Klima auf den Lofoten ist das ganze Jahr über recht mild, allerdings fangen die Inseln eine Menge Regenwolken ab, die vom Meer in Richtung norwegischer Küste ziehen. Paddler sollten im Sommer nicht nur auf 24 Stunden Helligkeit, sondern auch auf tagelangen Regen vorbereitet sein. Zwar ähneln die Lofoten durch ihre Lage weit vor der Küste einem großen Wellenbrecher und bieten entlang ihrer Ostküste viel geschütztes Wasser, Erfahrung auf dem Meer ist für Touren so weit im Norden dennoch angeraten. Zum einen können Wind und Wetter für äußerst ungemütliche Paddeltage sorgen, zum anderen gibt es zwischen einzelnen Inseln viele enge Passagen, in denen beim Wechsel der Gezeiten sogenannte Malströme oder Gezeiten-Stromschnellen entstehen.

Route
Die hier beschriebene Route führte uns entlang der Insel Austvågøya vom Zeltplatz Sandvika südlich des Ortes Kabelvåg nordwärts, an der Hauptstadt Svolvær vorbei, zum Trollfjord und in einem Bogen um die Inseln Årsteinen, Store Molla und Lille Molla zurück gen Süden, wieder vorbei an Kabelvåg bis nach Henningsvær. Letztendlich kann man rund um alle Lofoteninseln schöne Touren unternehmen, wobei die Westseite generell ausgesetzter ist und mehr Brandung hat und der Osten etwas geschützter ist.

Anreise
Wer im eigenen Boot paddeln will, dem bleibt nur das Auto und eine etwa dreitägige Anreise. Von Hamburg nach Svolvær sind es fast 2500 Kilometer einfache Fahrt. Alternativ kann man mit öffentlichen Verkehrsmitteln sein Faltboot mitbringen oder vor Ort Kajaks mieten (siehe Veranstalter) und dann auch per Flugzeug anreisen. Lufthansa (www.lufthansa.de) oder die norwegische Fluglinie Norwegian (www.norwegian.no) bieten zum Teil recht günstige Flüge nach Bodö oder Narvik, von wo aus man mit öffentlichen Verkehrsmitteln leicht ins Zielgebiet kommt.

Beste Zeit
Juli und August sind die klassischen Reisemonate für Kajaktouren auf den Lofoten, Mai, Juni und September können aber ebenso in Betracht gezogen werden. Während die Sonne vom 27. Mai bis 17. Juli überhaupt nicht mehr untergeht, ist es auch in den Wochen vorher und nachher noch fast durchgehend hell. Zwar ist an Land in der Hauptsaison einiges los, auf dem Wasser

ist man als Paddler aber oft ganz allein. In zehn Tagen haben wir keine fünf Gleichgesinnten getroffen.

Verpflegung/Trinkwasser
Für die beschriebene Tour sollte am besten die komplette Verpflegung mitgeführt werden. Unterwegs gibt es nur einen kleinen Supermarkt in Digermulen am südlichen Ende des Raftsunds (Ostufer). Trinkwasser findet man an wenigen Stellen unterwegs, z. B. im Trollfjord oder in der Bucht Gullvika im Südosten von Store Molla. Auch hier ist ein etwas größerer Vorrat empfehlenswert. Abwechslung in den Speiseplan bringen selbst geangelte Fische, die Lofoten sind ein beliebtes Angelrevier.

Übernachtung
Übernachtet wird in der Regel im Zelt auf einsamen Inseln oder an Stränden. Es ist nicht immer leicht, Plätze zu finden, an denen man auch gut anlanden kann, weshalb man schon früh am Nachmittag mit der Suche beginnen sollte. An manchen Orten gibt es offizielle Campingplätze, die immer auch eine heiße Dusche bieten – auf längeren Touren ideal. Gleiches gilt für Yachthäfen. Ein idealer Zeltplatz als Startpunkt für die beschriebene Tour liegt in Kabelvåg. Hier kann man auch sein Auto gut für ein oder zwei Wochen abstellen.

Veranstalter/Bootsverleih/Ausrüstung
Geführte Kajaktouren auf den Lofoten bietet zum Beispiel Jann Engstad von Lofoten Aktiv an (www.lofoten-aktiv.no). Jann vermietet auch Kajaks und bietet diverse Touren zu Land an. Auch bei Sommertouren nördlich des Polarkreises sollte man auf jedes Wetter eingestellt sein, d. h. die Ausrüstung muss darauf abgestimmt werden. Handschuhe und Mütze gehören ins Gepäck, ein absolut regen- und sturmfestes Zelt und ein warmer Schlafsack, dazu viel Schokolade zum seelischen Aufwärmen. Paddeljacke und -hose sind ebenso wichtig wie gute Schuhe, mit denen man auch im Wasser aussteigen kann – oft sind die Ufer steinig oder mit scharfkantigen Muscheln besetzt. Eine Schwimmweste ist Pflicht, ein Ersatzpaddel ebenso.

Literatur/Karten
Lofoten, Michael Möbis u. Annette Ster, Edition Elch.
Norwegen Nord, Verlag Martin Velbinger.
Lofoten Nordmeerküsten, Rolf Reinicke, Delius Klasing Verlag.
Perfekt für die Anreise im eigenen Pkw der Ringbuch-Straßenatlas *Veiatlas Norge*, Statens Kartverk.
Für unsere Tour haben wir die Seekarten *Den Norske Kyst*, *Tranøy-Raftsundet* und *Fra Ure til Brettesnes* verwendet. Erhältlich z. B. bei www.hansenautic.de.

Infos
Innovation Norway, www.visitnorway.com, www.lofoten-online.de.

MEXIKO

Allgemein
Eine Kajaktour entlang der Küste von Baja California ist ein grandioses Abenteuer. Einfach alles fühlt sich anders an, in jedem Paddelzug schwingt Freiheit mit. Besonders wenn man die Möglichkeit hat, die Anreise über den Landweg zu gestalten, kann man richtig eintauchen in dieses Land, das so völlig anders ist als sein Nachbar im Norden. An Land gibt es viel Tortillas, Corona-Bier, Geier und Skorpione, im Wasser Mantas, Delfine und viele, viele Wale.

Route
Paddeln kann man an vielen Ecken und Enden von Baja. Besonders schön sind der Süden und eine Umrundung der Insel Isla Carmen, die dem Ort Loreto vorgelagert ist. Der Rundkurs ist ca. 100 Kilometer lang, einplanen sollte man sieben bis zehn Tage inkl. Pausentagen aufgrund zu starker Winde.

Anreise
Entweder auf dem Luftweg direkt nach Loreto (z. B. über San Diego mit United Airlines, www.unitedairlines.de). Oder auf dem Landweg von Los Angeles über San Diego zur mexikanischen Grenze bei Tijuana. Dann rund 1100 Kilometer auf dem Highway Mex 1 südwärts. Für die Fahrt sollte man mindestens drei Tage einplanen. Eine Auto-Haftpflichtversicherung ist Pflicht, man bekommt sie noch in den USA an einer der letzten Abfahrten nördlich der Grenze.

Beste Zeit
Zwischen Januar und Ende März erlebt man im Baja ein besonderes Schauspiel: Wale bringen hier ihre Kälber zur Welt und halten sich für längere Zeit vor Ort auf. Blauwale, Buckelwale, Grauwale, sie alle mögen Baja California. Diese Zeit ist ideal, um dem heimischen Winter zu entgehen und Baja bei nicht allzu großer Hitze zu erleben. Allerdings können in den Wintermonaten zum Teil sehr heftige Winde auftreten, die das Paddeln mitunter für mehrere Tage am Stück unmöglich machen. Besser wird es im April und Mai, allerdings mit etwas wärmeren/heißeren Tagen. Der Herbst ist ebenfalls eine sehr gute Reisezeit für Kajaktouren in der Sea of Cortez – wenn auch mit dem Haken, dass zu dieser Zeit Ausläufer der Hurricanes vom Festland die Region streifen können.

Verpflegung/Trinkwasser
Für die Fahrt rund um Isla Carmen müssen alle Lebensmittel mitgeführt werden, weil die Insel bis auf einige einsame Fischer unbewohnt ist. Auch Trinkwasser sollte für die komplette Zeit mitgeführt werden. Wie immer kann auch hier mit der Angel der Speiseplan gut aufgebessert werden. Wer Feuerholz sammelt, um den Fisch überm Lagerfeuer zu grillen, sollte dabei Handschuhe tragen und auf Skorpione achten, die sich gern in alten Holzstücken verkriechen.

Übernachten
Es wird an vielen schönen Stränden wild gezeltet, allerdings muss man sich im Vorfeld eine Genehmigung bei der örtlichen Nationalparkbehörde in Loreto besorgen. Auch als Kleingruppe muss man vor der Abreise angeben, wann man an welchem Strand übernachten möchte, damit es keine Konflikte zwischen unterschiedlichen Gruppen gibt. Das sorgt aber auch dafür, dass man alle Zeltplätze wirklich für sich hat.

Veranstalter/Bootsverleih
Es gibt verschiedene Veranstalter in Loreto, die Touren rund um Isla Carmen anbieten bzw. auch Kajaks verleihen (z. B. www.bajaoutpost.com). Das Verleihmaterial ist zum Teil sehr gut, es lohnt sich aber, sich im Vorfeld genau nach den Bootstypen zu erkundigen. Da es unter Umständen teurer und sehr aufwendig sein kann, eine Tour in Baja von Deutschland aus zu organisieren, ist es eine Überlegung wert, sich einem Veranstalter anzuschließen – besonders, wenn man nicht viel Zeit hat, z. B. Tofino Expeditions, www.tofino.com oder Sea Kayak Adventures, www.seakayakadventures.com/baja.htm.

Literatur/Karten
Adventure Kayaking: Baja, Andromeda Romano-Lax, Wilderness Press.
Baja California & Los Cabos, Danny Palmerlee, Lonely Planet.
Logbuch des Lebens, John Steinbeck, Anaconda Verlag.

Infos
Mexikanisches Fremdenverkehrsamt, www.visitmexico.com.

DEUTSCHLAND

Allgemein
Mecklenburg-Vorpommern ist Paddlers Traum gleich vor der Haustür: 1800 Seen mit über 1100 Quadratkilometern Wasserfläche, die meisten von ihnen untereinander verbunden, dazu viele Flüsse und eine interessante Küstenlinie. Die meisten dieser Gewässer lassen sich von Paddlern erkunden, nur wenige sind aus Naturschutzgründen für jegliche Befahrung gesperrt. Viele der Seen, entstanden während der letzten Eiszeit, sind miteinander verbunden, seit jeher über natürliche Flussläufe oder Bäche, seit geraumer Zeit auch durch Kanäle, die ihre Funktionen als Wasserstraße für den Transport von Gütern heute kaum noch erfüllen, dafür aber Freizeitkapitäne glücklich machen. Wenn Ihnen der Sinn danach steht, können Sie Ihre Reise am Anfang des Sommers in Berlin beginnen und, bevor der Herbst beginnt, in Hamburg beenden – alles auf dem Wasser, über die Verbindungen der Mecklenburger Seen und in nächster Nähe einer für Kanuten wunderbaren Infrastruktur.

Anreise
Per Pkw aus Westen: Über die Autobahn 24 Hamburg–Berlin. Je nach Gewässer Abfahrten gen Norden vom Dreieck Schwerin an bis zum Dreieck Wittstock über die A 19 zur Müritz und weiter über Landstraßen zu den Touren im Osten, wie z. B. zur Feldberger Seenlandschaft. Per Pkw aus Süden: Auf der A 24 von Berlin nach Hamburg entsprechend entgegengesetzt.
Auch mit öffentlichen Verkehrsmitteln lässt sich eine Anreise gestalten. Mit der Bahn (www.bahn.de) gelangt man aus dem ganzen Land mit relativ guten Verbindungen an die Bahnhöfe der großen Städte bzw. Knotenpunkte, wie z. B. Schwerin, Neustrelitz, Neubrandenburg, Malchow, Waren etc. Von dort weiter entweder per Bummelbahn oder Bus oder mit einem Shuttle-Service, den viele Kanuverleiher anbieten.

Beste Zeit
Hängt ganz davon ab, ob man Einsamkeit vorzieht oder eher warme, lange Tage und Wassertemperaturen, die ein Bad in den Seen erlauben. Hauptsaison ist die Zeit der deutschen Sommerferien, entsprechend bevölkert sind dann auch die Seen von Paddlern und anderen Bootstouristen. Wer in dieser Zeit reist und sich vor Ort ein Boot mieten möchte, sollte reservieren. Ideal auch die Monate Mai und Juni, wenn die Natur langsam ergrünt, oder der Oktober mit seinen leuchtenden Laubwäldern und klaren Tagen. Dann ist man als Paddler oft allein und erlebt die Natur noch intensiver.

Verpflegung
In Mecklenburg ist die Verpflegung kein Problem. In vielen Ortschaften entlang der Route gibt es zumindest kleine Supermärkte, und immer wieder passiert man nette Landgasthöfe, die zum Einkehren einladen. Trinkwasser füllt man am besten auf den Zeltplätzen auf, obwohl man wahrscheinlich aus vielen Seen auch direkt trinken könnte.

Übernachten
Große Teile der Seenplatte sind Naturschutzgebiete. Wildes Zelten ist verboten. Zum Ausgleich gibt es ein dichtes, großes Netz an Campingplätzen, Wasserwanderrastplätzen und offiziellen Biwakplätzen für Paddler. Auch auf dem Gelände vieler Kanu- und Rudervereine und Kanuverleiher kann man für eine Nacht sein Zelt aufschlagen. Wer mal keine Lust aufs Zelt hat, findet meist leicht ein Hotel, Privatzimmer, eine Pension oder Jugendherberge (www.djh-mv.de).

Veranstalter/Bootsverleih
Unzählige Verleihstationen bieten im Seengebiet zumeist qualitativ gute Boote. Diverse Veranstalter und örtliche Kanuverleiher bieten auch geführte Touren über die schönsten Seen an. Z. B.: Kanustation Granzow, www.kanustation-granzow.de. Kanu Basis Mirow, Vipperow, www.kanubasis.de. MüritzKanu, Rechlin, www.mueritzkanu.de. Biber-Tours, Diemitz, www.Biber-Tours.de. Kanustation Mirow, www.kanustation.de.

Literatur/Karten
Die schönsten Kanutouren Mecklenburg-Vorpommern, Lars Schneider, Bruckmann Verlag.
Kanu Kompass Mecklenburg-Vorpommern, Thomas Kettler, Kettler Verlag.
Mecklenburg-Vorpommern, Baedecker.
Gewässerführer für Ostdeutschland, Günter Eck, DKV-Verlag.
Tourenatlas Wasserwandern. Nr. 6: Mecklenburg-Vorpommern. Jübermann-Kartographie. Speziell für Wassersportler ausgelegte Karte.
Gewässerkarte Müritz, Bodo Müller, Edition Maritim.
Sportbootkarten Deutsche Binnenwasserkarten 3 Berlin–Müritz–Dömitz, Edition Maritim.

Infos
Tourismusverband Mecklenburg-Vorpommern, www.auf-nach-mv.de
Tourismusverband Mecklenburgische Seenplatte, www.mecklenburgische-seenplatte.de.
www.mv-maritim.de; www.wasserwandern-mv.de; www.natur-mv.de.

KANADA

Allgemein
Die Central Coast von British Columbia ist auch als »Great Bear Rainforest« oder »Forgotten Coast« bekannt. Etwa auf der Hälfte der Strecke zwischen der Nordspitze von Vancouver Island und der Grenze zu Alaska erstreckt sich über einige Hundert Kilometer Küstenlinie ein Gebiet Tausender Inseln und Inselchen, die meisten bis an die Wasserlinie von undurchdringlichem Wald bedeckt, viele dennoch gesäumt von weißen Sandstränden und mitunter verziert von traumhaften Buchten. Eine Küstentour an der Central Coast ist nichts für Einsteiger, Erfahrung mit Wetterkunde, Gezeiten, Erste Hilfe, Seerettung usw. ist wichtig, wenn man sich für längere Zeit von der Zivilisation entfernt – und die endet bereits wenige Kilometer von Bella Bella.

Route
Eine konkrete Route kann man durch dieses Gewirr von Eilanden nicht empfehlen. Je nach Zeit und Lust und in Abhängigkeit des Wetters wird man sich jeden Tag ein neues Ziel suchen. Die Möglichkeiten sind unendlich. Unsere Tour führte uns von Bella Bella zunächst westwärts in Richtung Außenküste und dann in einem unregelmäßigen Bogen nach Goose Island und zurück.

Anreise
Mit Air Canada oder Lufthansa nach Vancouver (www.lufthansa.de), von dort weiter per Inlandsflug mit Pacific Coastal Airlines nach Bella Bella (www.pacific-coastal.com). Wer mit eigenen Faltbooten anreist, wird sich zumindest beim Inlandsflug auf Übergepäck-Gebühren einstellen müssen.

Beste Zeit
Juni bis Mitte September. Vor schlechtem Wetter und mitunter tagelang anhaltenden Regenfällen, Sturm und Nebel ist man allerdings auch im Sommer nicht gefeit.

Verpflegung
Was man auf dieser Tour nicht im Boot hat, kann man auch nicht essen – alles muss mit, unterwegs gibt es keine Möglichkeit, Proviant nachzukaufen. Einziger Ausweg aus dem ewigen Reis-Pasta-Reis-Wechselspiel ist Glück beim Angeln. Trinkwasser kann an manchen Inseln nachgefüllt werden. Es ist sinnvoll, Wasser jeweils für mehrere Tage mitzuführen.

Übernachten
Geeignete Zeltplätze zu finden, ist nicht immer einfach. Viele Inseln bieten keine Möglichkeit anzulanden, bei anderen liegen Zeltplätze in versteckten kleinen Buchten. Manchmal leuchten die Strände auch von Weitem und weisen den Weg. Eine weitere Schwierigkeit sind die Gezeiten, die manche Zeltplätze bei besonders hohen Hochwassern (z. B. bei Vollmond) unter Wasser setzen. Eine große Hilfe zum Finden von Zeltplätzen sind die »Coast Recreation Maps« mit eingezeichneten Campmöglichkeiten und vielen anderen nützlichen Infos.

Veranstalter/Bootsverleih/Ausrüstung
In Bella Bella gibt es keinen Bootsverleih, allerdings bieten verschiedene kanadische Veranstalter Touren im Great Bear Rainforest an (z. B.: www.ecomarine.com, www.greatbearkayaking.com oder www.kayakingtours.com).
Auf seine Ausrüstung muss man sich auf dieser Tour unbedingt verlassen können. Nur absolut wetterfeste Bekleidung sowie ein sturmstabiles Zelt mit ausreichend Raum auch für Pausentage ist wichtig. Faltboote sind angesichts der Anreise erste Wahl. Neben Ersatzpaddel, Schwimmweste, Seekarten, Gezeitentabellen, Seenotraketen und evtl. einem Air Horn zum Vertreiben von Bären ist auch ein sogenanntes VHF-Radio wichtig. Damit lassen sich sowohl der Seewetterbericht abhören als auch Notrufe auf der Frequenz der Küstenwache senden. Nehmen Sie für wichtige Ausrüstungsgegenstände Ersatzteile mit.

Gefahren
Sturm, Wellen, Wölfe, Bären. Es ist relativ unwahrscheinlich, unterwegs beim Zelten auf kleineren Inseln auf Bären zu treffen, auszuschließen ist es aber nicht. Deshalb immer abseits des Zelts kochen und nie Essen und andere geruchsintensive Dinge mit ins Zelt nehmen. Eine Pressluft-Tröte, ein sog. Air-Horn, ist wahrscheinlich der beste Schutz, falls doch einmal ein Bär zum Camp kommt. Von Bärenspray wird mittlerweile abgeraten. Auch bei Wölfen sollte man immer einen Sicherheitsabstand wahren – gefährlich werden sie in der Regel nicht.
Wetter: Immer aufs Wetter und Anzeichen für Umschwünge achten und dem Seewetterbericht auf dem VHF-Radio lauschen. Auch auf die Gezeiten achten, vor allem bei Fahrten durch enge Passagen, in denen die Strömung beträchtlich sein kann.

Literatur & Karten
Kayak Routes of the Pacific Northwest Coast, Peter McGee, Greystone Books. *Coast Recreation Maps, 1. Bella Bella.* Coastal Waters Recreation.
Gezeiten-Tabelle: *Canadian Tide and Current Tables, Volume 7.*
Seekarten im Maßstab 1:40000: *Nr. 3937* und *3787.*
Alle Bücher und Karten erhält man vor Ort, am besten in Vancouver bei Ecomarine Ocean Kayak Centre auf Granville Island, www.ecomarine.com.
Zur Einstimmung lohnt sich der Bildband *Kanadas vergessene Küste*, Ian McAllister, Alouette Verlag.

Infos
www.BritishColumbia.travel.

KROATIEN

Allgemein
Kroatien gilt für Seekajakfahrer als kleines Paradies im Mittelmeer. Besonders schön ist es im Elafiti-Archipel wenige Kilometer nordwestlich von Dubrovnik. Es besteht aus 13 grünen Inseln, bedeckt mit dichtem Pinienwald, ohne Straßenverkehr, aber mit viel Sonnenschein und südländischem Flair. Palmen, Parks und bunte Gärten laden zum Verweilen ein. Direkt nordwestlich davon erstreckt sich die Pelješac-Halbinsel, deren überwiegend einsame Küste ebenfalls für Kajakabenteuer lockt. Abgesehen von den bisweilen urplötzlich auftretenden Winden und teilweise langen, schroffen Uferzonen, an denen ein Anlanden nicht möglich ist, ist die kroatische Adria ein ideales und einfaches Seekajakrevier mit geringen Gezeitenunterschieden und Strömungen und angenehm warmen Wasser.

Route
Von Trpanj am Nordufer der Halbinsel Pelješac (am besten erreichbar per Shuttle von Huck Finn, s. u. Veranstalter) bis Dubrovnik gute zehn Tage (130 km) einrechnen. Campingplätze sind auf Pelješac und den Elafiti-Inseln vorhanden. An wenigen Stellen kann bzw. muss wild gezeltet werden.

Anreise
Per Flugzeug nach Dubrovnik, z. B. mit Austrian Airlines (www.Austrian.com). Vom Flughafen fährt ein Bus in die Innenstadt von Dubrovnik. Je nachdem, in welchem Hotel man die erste Nacht verbringt und wie viel Gepäck man dabeihat, lohnt es sich auch, ein Taxi zu nehmen. Schon zu zweit fällt der Aufpreis kaum ins Gewicht, und die Reise beginnt etwas stressfreier.

Beste Zeit
Ideal für Paddeltouren ist der späte Sommer, wenn allerorten die großen Ferien vorbei sind, und der Herbst von Mitte September bis Ende Oktober. Das Wasser ist noch warm, die Tage nicht so heiß und die Nächte und Abende angenehm kühl. Darüber hinaus teilt man das Gebiet mit nur sehr wenigen Besuchern (meist Seglern), und auch die Ausflugsschiffe sind seltener. Im Frühling (April, Mai) ist das Wasser noch kalt. Vorteil ist, dass die Inseln grüner wirken und viele Blumen blühen. Im Hochsommer ist es unangenehm heiß, und die kroatische Küste gleicht einem Tollhaus. Die berüchtigten kroatischen Winde (siehe Gefahren) treten vorwiegend zwischen Oktober und April auf.

Verpflegung
Es gibt unterwegs bis auf zwei, drei Feriendörfer und den größeren Ort Orebić kaum Möglichkeiten, Vorräte aufzufrischen. Wer im Herbst, außerhalb der Saison paddelt, wird es noch schwerer haben. Am besten alle Lebensmittel in Dubrovnik besorgen und im Boot mitnehmen. Trinkwasser bunkern, wann immer die Möglichkeit dazu besteht.

Übernachtung
Wildes Zelten ist in Kroatien theoretisch verboten. Rein praktisch lässt es sich aber oft nicht vermeiden. Allerdings ist es nicht leicht, andere Stellen für das Zelt zu finden, denn lange Abschnitte der Küste sind felsig und bieten keine Möglichkeit anzulanden, bei Wellengang nicht einmal für eine kurze Mittagspause. Am besten startet man frühmorgens und beginnt nachmittags ab ca. 15 Uhr nach einem Platz fürs Zelt Ausschau zu halten.

Veranstalter/Bootsverleih
Der Veranstalter Huck Finn (www.huck-finn.hr) ist einer der ältesten in Kroatien und bietet nicht nur geführte Kajaktouren in unterschiedlichen Regionen Kroatiens, sondern vermietet auch Kajaks. Mit Huck Finn kann auch ein Transport an verschiedene Startpunkte entlang der Küste vereinbart werden. Die Basisstation von Huck Finn liegt im kleinen Ort Zaton, per Taxi ca. 15 Minuten nördlich von Dubrovnik. Dort kann man ebenfalls die erste Nacht in einer Pension verbringen, die sich über Huck Finn buchen lässt.

Gefahren
Entlang der kroatischen Küste kann es zu plötzlich auftretenden heftigen Winden kommen. Speziell die ablandig und mitunter böig und heftig blasende Bora kann auch für Paddler ein Problem darstellen, zumal die Stärke zwischen manchen Inselkanälen durch einen »Tunneleffekt« zunimmt. Die Bora kann mehrere Stunden andauern (Sommer) oder im Winter sogar bis zu 14 Tage am Stück wüten. Auch bei gutem, stabilem Wetter ist mit einem Aufkommen von Wind am Nachmittag zu rechnen. Die vielen Inseln bieten aber meist eine relativ windgeschützte Passage.

Literatur/Karten
Kroatien, Slowenien, Montenegro. 808 Häfen und Buchten, Karl-Heinz Beständig.
Kroatien, Buchten – Anlegeplätze – Häfen – Landgänge, Volker Lipps, DSV-Verlag.
Seekarte: *CRO 27 Pelješac – Mljet,* (1:100 000). Beides über www.hansenautic.de.

Infos
Kroatische Zentrale für Tourismus, www.kroatientourismusonline.de.
Wer rund um seine Kajaktour Hilfe beim Organisieren von Hotels oder Ausflügen benötigt, kann sich auch an die Agentur Adriatica wenden. www.adriatica.net.

THAILAND

Allgemein
Thailand ist ein Paradies für Paddler, vor allem für Seekajaktouren. An vielen Küstenabschnitten und zwischen vielen Inseln bieten sich Touren an, mitunter auch für weniger erfahrene Paddler. Die hier beschriebene Tour führte um die Butang Inseln im Tarutao Nationalpark. Insgesamt beinhaltet der Park 51 Inseln, als größte die Namensgeberin Ko Tarutao mit 26 Kilometern Länge und 11 Kilometern Breite.

Route
Man kann keine konkrete Route für die Fahrt zwischen den Inseln empfehlen, das Gebiet ist recht klein und nicht über normale Tagesetappen von vielleicht 15, 20 Kilometern zu erkunden. Stattdessen geht es eher kreuz und quer von Insel zu Insel. Richtig macht man es – vor allem, wenn man sich dem entspannten Feeling der Einheimischen vor Ort anpassen möchte – ohnehin nur, indem man Morgen für Morgen aufs Neue entscheidet, wonach einem ist – paddeln oder doch nur schnorcheln, baden, faulenzen oder angeln. Dann erst zeigt ein Blick auf die Seekarten womöglich das Tagesziel.

Anreise
Per Flug z. B. mit Thai Airways ab Frankfurt oder München in ca. zehn Stunden nach Bangkok. Von dort per Inlandflug weiter nach Trang (Infos: www.thai-airways.de). Am Flughafen von Trang warten immer Minibusse, die Touristen zum Fähranleger nach Pakbara bringen. Fahrzeit ca. 90 Minuten. Täglich verkehrt mindestens eine Fähre in beiden Richtungen zwischen Pakbara nach Ko Lipe. Fahrzeit ca. vier Stunden.

Beste Zeit
Touren sind in der Zeit von November bis April möglich, wobei es im November und Dezember am kühlsten ist. Die Temperaturen im März liegen bei ca. 35 °C im Schatten am Tag und bei 25 °C nachts. Die Luftfeuchtigkeit ist sehr hoch. In der Regenzeit von Mai bis Oktober ist der Nationalpark geschlossen. Solange das Wetter aber gut ist und es keine Monsunstürme gibt, fährt die Fähre meist trotzdem.

Verpflegung/Trinkwasser
Verpflegung muss für die gesamte Kajaktour mitgeführt werden. In Trang gibt es einen riesigen, gut sortierten Supermarkt (»Tresco«) auch für Outdoor-Touren. Trinkwasser sollte man zum letzten Mal auf Ko Lipe bunkern. Dafür viele Wassersäcke mitbringen. 50 Liter sind für eine Woche zu zweit das Minimum. Bei Regen kann man Wasser auffangen, ansonsten gibt es Trinkwasser auch im Süden von Ko Rawi an einer Rangerstation des Nationalparks.

Übernachtung
Auf Ko Lipe gibt es einfache Unterkünfte ab 5 Euro. Beim Paddeln schlägt man sein Zelt jeden Abend wild an einem anderen Traumstrand auf. Unbedingt ein Innenzelt mit viel Moskitonetz-Flächen mitnehmen, ein Überzelt nur gegen eventuelle Schauer. Die dünnsten Schlafsäcke, die man finden kann, sind die besten, möglichst aus Baumwolle – das ist angenehmer auf schwitzender Haut.

Bootsverleih/Ausrüstung
Auf Ko Lipe kann man zwar Kajaks mieten, die Boote sind allerdings ziemlich heruntergekommen und alt. Besser das eigene Boot mitnehmen. Faltboote sind für den Transport im Flugzeug und Bus erste Wahl. Außer für die Anreise kann man lange Hosen und feste Schuhe vergessen, in Thailand reichen Sandalen, Shorts und Shirts. Wichtig ist ausreichender Schutz vor der Sonne: breitkrempiger Hut, Sonnenbrille, Langarmshirts, ein Handtuch zum Bedecken der Beine und Schultern im Boot. Wer sehr empfindliche Haut hat, sollte sich überlegen, zwei Tücher mitzunehmen, die man mit Wasser tränken und um die Hände wickeln kann, um die Handrücken zu schützen. Ins Gepäck gehören Taucherbrille, Schnorchel und Flossen (auch im Verleih der Tauchschule von Ko Lipe erhältlich).

Literatur/Karten
Es gibt keinen Kanuführer für Thailand, aber im maritimen Fachhandel (z. B. www.hansenautic.de) eine Seekarte im Maßstab 1:200000: *Ko Lanta Yai to Ko Tarutao* und den Segelführer *Sail Thailand*, John Everingham, Artasia Press.
Hier werden Sehenswürdigkeiten, Trinkwasservorkommen, Einkaufsmöglichkeiten, Häfen usw. für alle Inseln und Küstengebiete des Landes aufgeführt.

Infos
Thailändisches Fremdenverkehrsamt,
www.thailandtourismus.de.

SCHWEDEN

Allgemein
Eine Fahrt durch die Schären von Stockholm sollte jeder Paddler in seinem persönlichen Logbuch stehen haben. Tausende von Inseln, die meisten unbewohnt, viele auch bei Wind und Wellen geschützte Passagen und unzählige schöne Zeltplätze bieten mehrere Wochen Tourenstoff.

Route
Wer mag, kann seine Fahrt in der Innenstadt von Stockholm beginnen, wer weniger Zeit hat und eher hinausmöchte zu den einsameren und kahleren Außenschären, der kann seine Fahrt in Sollenkroka beginnen, ca. eineinhalb Autostunden nordöstlich von Stockholm gelegen. Einen konkreten Routenvorschlag kann es in dem Wirrwarr aus Inseln nicht geben, Windrichtung, Wetter, Zeitplan und persönliche Fitness bestimmen die Etappen.

Anreise
Am entspanntesten per Fähre von Kiel nach Göteborg (www.stenaline.de) und dann quer durchs Land bis nach Stockholm. Oder per Vogelfluglinie (www.scandlines.de) nach Südschweden und dann im Pkw weiter nach Stockholm. Flüge nach Stockholm z. B. mit Lufthansa (www.lufthansa.de).

Beste Zeit
Die Sommerzeit von Anfang Juni bis Ende August ist perfekt für eine Fahrt durch die Schären, wobei es im Juli sicherlich am vollsten ist und auch Segler mal eine schöne Bucht belegen können. Wer gern badet, sollte eher später im Sommer aufbrechen, wenn das Wasser der Ostsee schön warm ist.

Verpflegung/Trinkwasser
Es gibt kaum Möglichkeiten, Lebensmittel nachzukaufen, am freiesten ist man unterwegs, wenn das Boot mit Verpflegung für die gesamte Zeit gefüllt ist. Trinkwasser bunkert man am besten ebenfalls für mehrere Tage, da wenige Schäreninseln über Bäche verfügen. Solange man sich in den Inneren Schären aufhält, gibt es mehr Möglichkeiten, Trinkwasser aufzufüllen, z. B. auf der Insel Möja.

Übernachten
Gezeltet wird wild nach den Regeln des schwedischen Jedermannsrechts, außerhalb der Sichtweite von Häusern und Ortschaften. Für eine Nacht kann man so fast überall bleiben.

Veranstalter/Bootsverleih
Einen Seekajak-Verleih und geführte Touren in den Stockholmer Schären bieten z. B. Horisont Kajak (www.horisontkajak.se) und Kajak & Uteliv an (www.kajak-uteliv.com).

Literatur/Karten
Es gibt sehr genaue Seekarten, die man entweder in Wassersportgeschäften in Stockholm oder bereits vor der Abreise z. B. bei HanseNautic in Hamburg erhält. Für uns waren die topografischen Karten vom Lantmäteriet Verlag im Maßstab 1:50 000 ausreichend. Wir haben die Blätter *10J NO Värmdö* und *10J NV Värmdö* genutzt.
Die schönsten Kanutouren zwischen Stockholm und Göteborg: *Kanuführer Südschweden*, Michael Hennemann, Pollner Verlag. *Törnführer Schweden 2, Südküste, Ostküste,* Gerti und Harm Claußen, Delius Klasing Verlag.

Infos
Schwedisches Fremdenverkehrsamt, www.visitsweden.com.

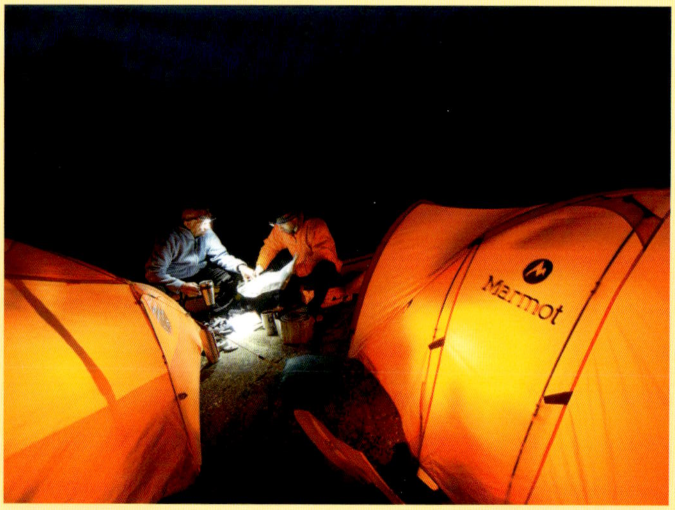

NEUSEELAND

Allgemein

Der Abel Tasman National Park ist der kleinste Park Neuseelands, aber auch einer der bei Besuchern beliebtesten. Auf knapp über 22 000 Hektar bietet er goldene Strände und saftig grün bewachsene Berghänge. Wanderer kommen, um den 51 Kilometer langen Coast Track, einen der neun Great Walks des Landes, zu begehen, Paddler vor allem, um das Land vom Meer aus zu erleben und Abstecher in Lagunen, Flussmündungen, Buchten und zu Inseln zu machen, die man zu Fuß nicht erreichen kann.

Die Logistik für Wander- oder Paddeltouren, Transport, Ausrüstung und was man sonst noch braucht, ist perfekt. Verschiedene Unternehmen helfen bei der Organisation, um die Tour von A bis Z durchzuführen.

Anreise

Die beiden klassischen Airlines für die Anreise nach Neuseeland sind Air New Zealand, (www.airnewzealand.de) und Quantas (www.qantas.com).
Emirates mit seinem Knotenpunkt Dubai bietet ebenfalls gute Konditionen und einen sehr guten Service (www.emirates.com/de).

Die dem Park nächstgelegenen Ortschaften mit diversen Veranstaltern sind Motueka, Takaka und Kaiteriteri. Aus Nelson, der nächstgrößeren Stadt, gibt es regelmäßige Busverbindungen, z. B. mit Kaiteriteri Kayak (s.u.).

Beste Reisezeit

Den Abel Tasman National Park kann man das ganze Jahr über besuchen. Die meisten Touristen kommen im Sommer, der Herbst und das Frühjahr sind aber mindestens genauso schön. Im Winter sind die Tage und das Meer am klarsten, der Himmel so blau wie sonst selten. Nur die Temperaturen sind dann nicht ganz so schön.

Übernachten

Für die Nacht vor dem Start bietet sich das Kaiteriteri Beach Motor Camp an, zu Fuß nur ein paar Minuten vom Strand und dem Startpunkt der Paddeltouren und Wassertaxis entfernt.
Etwas komfortabler hat man es z. B. im Split Apple Rock Homestay.
Im Park muss man auf den bestehenden Zeltplätzen campen und sich dafür im Voraus anmelden. Registrierung zum Beispiel über das Department of Conservation in Nelson oder online unter www.doc.govt.nz. Auf jeden Fall rechtzeitig um Plätze bemühen, da viele Hütten und Campsites Wochen oder gar Monate im Voraus ausgebucht sind.

Veranstalter

Ein langjähriger Veranstalter von geführten Kajaktouren, -vermietungen, Bootsausflügen und Wassertaxifahrten ist Kaiteriteri Kayak in Kaiteriteri, www.seakayak.co.nz.

Literatur/Karten

Tramping in New Zealand, Jim DuFresne, Lonely Planet.
Lonely Planet Neuseeland (Deutsche Ausgabe), Carolyn Bain, George Dunford.
Neuseeland Handbuch, Ulrich Strobel, Reise Know-How Verlag.
Neuseeland Travel Handbuch, Laura Harper/Stefan Loose, DuMont Reiseverlag.
Ein schöne Karte zum Paddeln kann man sich unter diesem Link bei Kaiteriteri Kayaks herunterladen:
http://www.seakayak.co.nz/Abel_Tasman/Abel_Tasman_Maps/

Infos

Auskünfte über Neuseeland gibt es in Deutschland im Internet auf der Webseite von Tourism New Zealand:
www.newzealand.com.
Außerdem nützlich:
www.doc.govt.nz/templates/PlaceProfile.aspx?id=38455,
Internetseite des DOC zum Abel Tasman Nationalpark
sowie:
www.doc.govt.nz/templates/trackandwalk.aspx?id=36215,
Internetseite des DOC zum Abel Tasman Coast Walk

GRÖNLAND

Allgemein
Grönland. Blendend weiße Eisberge in jeder Größe, in jeder Form. Wasser überall rundum, klare Luft, blauer Himmel, kühle, kurze und intensive Sommer. Und an der Westküste der größten Insel der Erde: die Diskobucht. Ein Traumziel für Küstenpaddler. Für die Augen eine opulente Fahrt, aber auch fürs Ohr: Da knirschen kollidierende Eisberge, klirren aneinanderstoßende Eisschollen, prusten Wale, jaulen Seehunde, schnaufen Walrosse und kreischen Möwen. Eine Paddeltour entlang Grönlands Küste bedarf ein wenig Erfahrung, auch wenn es keine wirklich extreme Tour ist. Man sollte sich mit den Gezeiten auskennen, mit einer Tourenplanung für längere Zeiten abseits der Zivilisation und Dingen wie der Ausrüstungsreparatur und Seerettung.

Route
Unsere Route führte uns in einem großen Bogen hinein in die Diskobucht, von Aasiaat nach Ilulissat. Je nachdem, wie tief dieser Bogen ausfällt und wie viel Zeit man am Ilulissat-Eisfjord verbringen möchte, sollte man für die Fahrt ca. zwei bis drei Wochen einplanen.

Anreise
Es gibt nicht viele Möglichkeiten. Die beste ist der Flug mit Air Greenland von Kopenhagen nach Aasiaat. Ein Gabelflug mit dem Rückflug von Ilulissat ist möglich (www.airgreenland.com). Ansonsten Rückfahrt nach Aasiaat mit dem Fährschiff der Arctic Umiaq Line (www.aul.gl). Da es vor Ort keine Bootsverleiher gibt und man das eigene Boot mitbringen muss, sollte man sich schon frühzeitig um die Verschiffung mit einer Spedition/Reederei kümmern.

Beste Zeit
Das Zeitfenster für die Diskobucht ist klein. Juli und August sind normalerweise die besten Monate für eine Fahrt, wobei sich dieser Zeitraum angesichts des Klimawandels vielleicht auch erweitern könnte. Normalerweise gilt die Diskobucht im Sommer als Haltestelle der Hochs, mit langen Phasen guten Wetters.

Verpflegung
Alles Essen muss mitgeführt werden. Unterwegs gibt es nur einmal, in Christianshab, die Möglichkeit, Lebensmittel nachzukaufen. Trinkwasser kann zwar aus Eis gewonnen werden, man sollte aber jede Möglichkeit nutzen, die Vorräte in Bächen aufzufüllen. Es gibt erstaunlich wenig gute Stellen, um an Trinkwasser zu gelangen.

Übernachtung
Unterwegs wird wild gezeltet. Bei der Wahl des Zeltplatzes ist es wichtig, das Camp immer hoch genug über der Hochwasserlinie zu errichten. Abbrechende Eisberge können hohe Wellen auslösen.

Literatur/Karten
Die beiden Seekarten *Grønlands Vestkyst Christianshåb-Jakobshavn 1513* und *Egedesminde-Christianshåb 1512* (Maßstab 1:80000) decken die Routen durch die Diskobucht ab. Erhältlich z. B. über HanseNautic in Hamburg (www.hansenautic.de).

Infos
Greenland Tourism, www.greenland.com.

FINNLAND

Allgemein
Wer in Finnland paddeln will, hat zwar ein großartiges Revier gewählt, zunächst einmal aber die Qual der Wahl: In welchem Gewässer soll die Tour beginnen? Abgesehen vom Meer und vielen schönen Flüssen gibt es Tausende von Seen, von denen viele eine Reise wert sind. Das Saimaa-Seengebiet ist eines der bekanntesten, und das nicht ohne Grund. Hier kann man tagelang paddeln, ohne die Boote aus dem Wasser zu heben, zwei Nationalparks locken mit besonderen Highlights, die Logistik für Paddler passt wunderbar – und weitestgehend allein ist man auch noch unterwegs. Was will man mehr?

Route
Die beschriebene Tour führt vom kleinen Ort Oravi im Süden nahe der Stadt Savonlinna über eine Kette von einsamen Seen und durch die Nationalparks Linnansaari und Kolovesi bis zum orthodoxen Kloster Valamo im Norden. Rund 110 Kilometer für eine gute Woche Paddelei, die auch viel Zeit zum Baden und Entspannen lässt.

Anreise
Paddler mit eigenen Booten aus Deutschland reisen am besten mit der Fähre an. Finnlines bietet zwei Schiffstypen an, die entweder 27 oder 36 Stunden zwischen Travemünde und Helsinki unterwegs sind. Wer nicht unter Zeitdruck steht, kann sich Finnland auf der längeren Fahrt wirklich entspannt nähern – sehr zu empfehlen. Infos unter http://passenger.finnlines.com. Wer sich sein Boot vor Ort mietet, kann gut per Flugzeug anreisen und von Helsinki mit öffentlichen Verkehrsmitteln ins Saimaa-Gebiet weiterfahren, z. B. nach Savonlinna.

Beste Zeit
Von Juni bis September. Schon Anfang/Mitte August wird es merklich leerer auf den Gewässern, Zeltplätze schließen, Paddler trifft man selten. Wenn es in Finnland Herbst wird, beginnen sich die Laubwälder entlang der Ufer grandios zu verfärben. Tagsüber ist es im idealen Indian Summer noch schön warm, nachts allerdings schon leicht frostig.

Verpflegung/Trinkwasser
Das Wasser aller Seen ist bedenkenlos trinkbar. Nur in unmittelbarer Umgebung von Ortschaften sollte man seine Vorräte nicht unbedingt auffüllen. Es ist sinnvoll, den Großteil der Verpflegung in den Booten mitzuführen, weil es unterwegs nur sehr rudimentär Möglichkeiten gibt, Lebensmittel nachzukaufen. Die Seen sind ein Paradies für (geübte) Angler. Eine Angelkarte bekommt man in Oravi.

Übernachten
Gezeltet wird normalerweise wild nach dem skandinavischen Jedermannsrecht, also nicht in Sichtweite von Häusern, nicht länger als eine Nacht und unter Beachtung der allgemeingültigen Naturschutzregeln. Teilweise gibt es offizielle Kanurastplätze, die auch mit Toilettenhäuschen, Feuerstellen und Brennholz ausgestattet sind, an manchen Orten offizielle Campingplätze.

Veranstalter/Bootsverleih
Im kleinen Ort Oravi gibt es direkt am Wasser eine Jugendherberge mit dem angeschlossenen Veranstalter Saimaa Holiday. Hier können Boote gemietet werden, es gibt geführte Touren, Robbensafaris, Angelkurse u. v. a. In der Jugendherberge lässt sich gut die letzte Nacht vor der Tour verbringen, Pkws stehen auf dem angeschlossenen Parkplatz sicher. Ein Shuttle-Service von jedem beliebigen Punkt im Seensystem wird gegen Gebühr angeboten, auch kann man sich bei Anreise mit öffentlichen Verkehrsmitteln aus Savonlinna abholen lassen. Infos: www.saimaaholiday.net.

Literatur/Karten
Kanukompass Südfinnland, Thomas Kettler Verlag.
Südfinnische Seenplatte, Michael Hennemann, Pollner Verlag.
Karte *Vesiretkeily Kartasto*, Keskinen Saimaa, 1:50000. Perfekte Karte für Paddler, erhältlich z. B. bei Saimaa Holidays vor Ort.

Infos
Weiterführende Infos, Downloads von Broschüren etc. im Internet unter www.visitfinland.de.

Danksagung

Lars Schneider möchte sich bedanken bei seinen Mitpaddlern Katrin Schneider, Wilfried Schneider und Jens Martin, den Firmen Lettmann, Klepper, Ortlieb, Horst Fürsattel HF, Marmot, Patagonia, Garmin und Hilleberg für ihre Unterstützung und bei Stephan Glocker für das Vorwort sowie die richtigen Ratschläge zum richtigen Zeitpunkt.

Bildnachweis

Alle Bilder von Lars Schneider außer ...

Von Katrin Schneider:
Lofoten: Seiten 9, 22 links
Kanada: Seite 67 Mitte rechts
Stockholm: Seiten 102/103 Mitte
Neuseeland: Seite 113 rechts
Finnland: Seite 148 rechts
Anhang: Seite 159 (Finnland)
Umschlag Klappe hinten: Porträt Lars Schneider

Von Jens Martin: Grönland, Seite 128 unten links

Kajakträume – Genusstouren rund um die Welt